MÁSCARAS de HATILLO

MÁSCARAS de HATILLO

Un potlatch en la modernidad

Estudio de la cultura popular a través de las
Máscaras de Hatillo, Puerto Rico

Luis Francisco Santiago
Antropólogo Social

Número de Control de la Biblioteca del Congreso de EE. UU.:		2015905882
ISBN:	Tapa Dura	978-1-5065-0148-2
	Tapa Blanda	978-1-5065-0289-2
	Libro Electrónico	978-1-5065-0288-5

Información de la imprenta disponible en la última página.

Fecha de revisión: 22/04/2015

Para realizar pedidos de este libro, contacte con:
Palibrio
1663 Liberty Drive
Suite 200
Bloomington, IN 47403
Gratis desde EE. UU. al 877.407.5847
Gratis desde México al 01.800.288.2243
Gratis desde España al 900.866.949
Desde otro país al +1.812.671.9757
Fax: 01.812.355.1576
ventas@palibrio.com
704236

ÍNDICE

DEDICATORIA

A Nydia Mejías, mi compañera; que vivió junto a mí las alegrías y las dificultades de hacer el estudio y el libro.

Y a los hatillanos que nos abrieron sus hogares y con quiénes pude compartir los significados de su manifestación comunitaria: familias, máscaras de diferentes edades y géneros, con diferentes ideologías, y profesiones; en fin, hombres y mujeres que aportaron en la etnografía para el estudio.

CULTURA POPULAR: MÁSCARAS DE HATILLO, UN POTLATCH EN LA MODERNIDAD

Cultura Popular: Máscaras de Hatillo, un potlatch en la modernidad, es un estudio integral de la historia, la economía y la cultura de una manifestación popular y comunitaria en una región agrícola ganadera del norte de la isla de Puerto Rico conocida como las Máscaras de Hatillo.

El libro está basado en el estudio de la cultura popular a través de la etnografía intensa y la imagen para presentar este evento hatillano, que se celebra todos los años, como una manifestación de alegría comunal única en el Caribe.

En el mismo se expresan los significados y tradiciones de esta manifestación como la reafirmación de la identidad y de la resistencia de los habitantes de esta región ante los valores de la sociedad moderna capitalista convirtiendo la misma en un potlach, festividad característica de sociedades agrícolas nativas. Este potlatch es un evento que permite la catarsis de emociones, la competencia festiva y la igualdad social entre los habitantes de Hatillo.

El estudio penetra en la psiquis colectiva de las máscaras a través de la expresión oral y de la manifestación de sus acciones en lo que sienten y piensan como grupo cultural. Su palabras y acciones fueron confrontadas con la observación participativa y comparadas con estudios históricos, económicos, sociológicos, artísticos y antropológicos pertinentes, además, y muy importante, mediante el uso de la imagen de sus manifestaciones.

En el libro se une la razón científica, la rigurosidad de la investigación hermenéutica y la interpretación en un corpus cognitivo sobre esta manifestación, intentando siempre que este conocimiento surja desde los sujetos (enfoque emic).

Se presenta el evento como algo integrado, donde las fuerzas de las verdades enunciadas pueden remitirse libremente hacia los presupuestos teóricos que les dan sentido de vida; sentido de ser reales, y no juicios asumidos. En otras palabras, un hacer en que la teoría y la práctica se enriquecen en forma dialéctica y, en este caso, la síntesis ilustre las verdades del potlatch hatillano: un potlatch puertorriqueño en la modernidad.

El libro presenta cómo la base material de la economía hatillana ha permitido la creación de lo que se considera una tradición. El desarrollo del uso de tierras en la región, con su resultante ímpetu en la industria lechera, ha producido una economía pujante con empleos y bienes y servicios circulantes que, a su vez, han generado un grado de nivel adquisitivo favorable para sostener el crecimiento y masificación de una tradición como ésta en el presente.

En el escrito se explora el mito que aún se presenta como exégesis racional a sus actos, y cómo éste ha sido transformado, ajustado y reinterpretado para satisfacer nuevas necesidades sociales, especialmente en el communitas; dentro de una ideología capitalista de consumo e individualismo, no-integral socialmente, que propulsa la élite dominante del resto de la sociedad en la cual está enmarcada esta tradición.

El potlatch hatillano se ha convertido en la vida sobre la muerte del humanismo que representa la sociedad de consumo. Los símbolos y rituales en la manifestación reclaman en su mayoría aspiraciones de una sociedad más comunal cónsona con el orgullo hatillano en la que afloran los códigos significantes de la identidad individual y colectiva. Las verdades de las máscaras ponen en evidencia la fisura entre el entendimiento de una cultura dominante sobre la cultura popular.

En cuanto al potlatch, se demuestra que todos los requisitos para configurar el concepto están presentes en las máscaras de Hatillo. Su cosmovisión rinde varios servicios a necesidades materiales y espirituales de la región, reforzando la economía: intercambio de bienes y servicios mediante la moneda, pero siendo un dique de resistencia a la desintegración del hombre comunal que promulga el sistema. El potlatch hatillano, como hemos visto, permite sacar al consciente colectivo los conflictos y contradicciones de nuestra sociedad pero, a la vez, permite su resolución mediante la confrontación simbólica.

En el mismo hay dos dones: prestigio y máscara. El prestigio está en donar y destruir sin esperar nada a cambio. El que espere algo como pago a una deuda, queda desprestigiado. El don coloca en el otro el prestigio del donante y, el otro, lleva ese prestigio a los demás.

El potlatch permite es vivir la alegría de la vida y compartir entre todos como iguales en communitas.

El potlatch se organiza durante todo el año, lo que determina una forma de vivir, pues en Hatillo mucho de lo que se hace o el modo en que se establecen las relaciones sociales, las actividades festivas y los conflictos que surgen, van en función al 28 de diciembre de cada año. Por eso, el don y el contradon (que es donar también) se renuevan, como la vida en la naturaleza y en la agricultura.

El potlatch es algo tan significativo en sus vidas que no escatiman en gastos, esfuerzos e inversión de hombres/hora para hacer de cada 28 de diciembre un exitoso evento comunal. La organización del potlatch y su componente mascaralógico están altamente estructurados a base de códigos de ética, códigos de la máscara, secretividad, rituales y cofradías; todo esto matizado por una visión de que correr máscara es una manifestación sagrada.

El potlatch es una festividad comunal que unifica la religiosidad popular del Día de los Santos Inocentes, el carnaval saturnal y el espíritu de la Navidad. A través del potlatch, el pueblo puede vivir los valores que permanecieron en la psiquis colectiva en áreas agrícolas de nuestra isla, especialmente aquellos que conservaron, entre otros, la diáspora canaria. Los preceptos de dar comida al hambriento y de beber al sediento, compartir la riqueza, la inversión social representada en la fiesta del catolicismo del bajo medioevo andaluz: el Obispillo, y el igualitarismo de la máscara, son valores que pueden vivirse en este potlatch.

El espíritu de esta fiesta comunal ha permanecido en los barrios de Hatillo debido a una constante apropiación cultural que hace el pueblo de la tecnología, para no dejar estática la tradición. Ya no son solo los caballos que se adornan, también son los vehículos de motor con lo mejor de los adelantos modernos en mecánica y electrónica. El anfitrión no recibe en una caseta, sino en una moderna casa de urbanización o residencia en los campos. El evento es una creación popular viva, de constante movimiento y cambio que se ha convertido en algo único en la isla y la región caribeña.

Sin embargo, esta celebración comunal se ha convertido en una fiesta oficial del Ayuntamiento de Hatillo llamada el Festival de la Máscaras de Hatillo, convirtiéndose en una actividad de las autoridades oficiales para fines de la industria del turismo en dicho pueblo. Por esta razón, todo el que visita Hatillo para ver o participar en el Festival de las Máscaras de Hatillo usualmente se ubica en la plaza del pueblo o sus alrededores, aunque los más atrevidos van a las áreas rurales. Éstos disfrutarán del colorido, de la alegría y los ruidos ensordecedores, de los saludos, la violencia y maldades de las máscaras, pero a través de la interpretación oficial del mito de los Soldados de Herodes y regresarán por donde vinieron pensando que los hatillanos están locos.

No es el mito de los soldados de Herodes, ni siquiera es algo como lo que hacían las familias de descendencia canaria o como se hace en Canarias hoy. Es una manifestación cultural que, partiendo de esa ontogénesis, se ha transformado en otra cosa diferente. Lo geográfico-cultural y mitológico se ha criollizado; ha perdido sus significados anteriores en una reinterpretación constante de cambio para servir a las nuevas necesidades físicas y espirituales del entorno geográfico y humano del hábitat hatillano.

Por eso puedo decir que las Máscaras son una manifestación cultural puertorriqueña. Los símbolos, los códigos lingüísticos, los rituales y la reinterpretación del mito solo corresponden a la realidad vivencial de los puertorriqueños.

Es importante reconocer que este proceso de cambio es constante. Si la realidad material y cultural cambiara en la isla, también cambiará el potlatch; además, siempre habrá un resultado de la ecuación entre la fuerza interpretativa de la cultura dominante y la fuerza de la cultura popular. Hasta qué punto y en qué grado de intensidad cada dimensión cultural sea preponderante, habrá cambios en la festividad.

Pero hasta hoy, digo que las Máscaras de Hatillo en un potlatch puertorriqueño y caribeño

CAPÍTULO I

Introducción

Hatillo es un pequeño pueblo al norte de la isla de Puerto Rico donde cada 28 de diciembre se celebra un festival que se conoce como el Festival de las Máscaras de Hatillo. Es una actividad cultural que ha producido un enorme interés turístico en el área del Caribe y al cual asisten muchos visitantes de otros países. Toda persona que ha tenido la oportunidad de participar u observar las Máscaras de Hatillo ha conocido la enorme energía, colorido y alegría que los habitantes de ese municipio emplean para hacer de la fecha un evento comunal que intenta superar los días de máscaras celebrados en años anteriores.

Es un gran espectáculo que une a todos los habitantes del área; no importa su condición socio-económica; y a los visitantes, que muchas veces interactúan con las máscaras, formando una gran masa humana que va integrándose a base de la euforia de los que "corren máscaras" y por la emoción, sorpresa y admiración de los que atestiguan el evento. Observar los grupos organizados que salen a "correr" en los barrios y fincas de la ruralía y más tarde a desfilar en la plaza pública del pueblo, crea sensaciones mixtas de admiración y temor debido a la volcánica erupción de ruidos, gritos, música, motores ensordecedores y a la aparente violencia que se da entre las comparsas de máscaras. Es un acontecimiento que viola el orden social e institucional y los valores de la clase dominante de la sociedad capitalista-industrial-corporativa que intenta definir la ley según el poder dominante y como debe ser el orden en toda manifestación cultural. Para muchos es difícil pensar cómo, o más aún, por qué en un pueblo tan pequeño como Hatillo puede producirse una conmoción de hombres, máquinas y animales en las proporciones que alcanza.

La admiración del espectador se estimula por el impacto audio-visual de formas, colores y sonidos variados que producen las máscaras que "corren" ese día. Sin embargo, muchas personas que van a Hatillo a ver las máscaras sienten temor al enfrentarse a ese evento. Los sentimientos de temor son por tres factores primarios: el primero es **la máscara o careta** que oculta el rostro de tantos individuos que, desde el anonimato, hacen maldades a los visitantes y entre ellos mismos. El que no comprende lo que sucede o las motivaciones de la celebración, teme a las "intenciones ocultas de las máscaras. El segundo factor es el temor a **la violencia** que asumen los espectadores por la forma en que se realizan los encuentros entre máscaras en una expresión de alegría y camaradería que no se ajusta a los patrones culturales de comportamiento para evitar el daño físico. Son encuentros o saludos que terminan en algunas ocasiones con heridas accidentales. Por último, impresiona **el coste** de lo que no produce nada, ya que la inversión de hombres-hora, dinero, creatividad y materiales costosos no será utilizada de nuevo, en la mayoría de los casos, en otro 28 de diciembre, sino que habrá otro coste igual o mayor. Esto, obviamente, no concuerda con los principios capitalistas de inversión financiera para la obtención y acumulación de riqueza, donde hasta lo metafísico, como es la definición del tiempo, como oro.

La explicación de los hatillanos sobre el origen y significado de la actividad es que la tradición de las máscaras de Hatillo surge en las Islas Canarias y se trae a la región por inmigrantes que, desde esas islas y a través de Venezuela vienen a realizar faenas agrícolas en la región en el siglo XIX. La explicación de esta festividad o su mito está en correspondencia con el Día de los Inocentes, fiesta religioso-popular que se fundamenta en la narración bíblica sobre la orden del Rey Herodes para matar a los niños menores de dos años. Esto ha sido afirmado por los historiadores populares y folkloristas que recogen la historia oral y se ha mantenido en publicaciones culturales y de prensa como la explicación de sus actos en la celebración cada 28 de diciembre.

Sobre el comienzo de esta celebración en Hatillo, la memoria colectiva se remonta a principios del siglo XX, cuando los hombres se vestían con ropa de mujer para correr a caballo o a pie y hay personas de edad avanzada que han señalado que se corren máscaras desde antes de la época del "embrisque" de los esclavos.

En esa región hubo dos situaciones a la que se les llamó embrisque. La más antigua fue en 1846 cuando 36 esclavos de la Hacienda La Esperanza en el partido del pueblo de Isabela (al oeste de Hatillo) se movilizaron hacia el pueblo de Arecibo (al este de Hatillo) para reclamar su derecho al día de descanso dominical ante las autoridades españolas, evento que se le llamó "el embrisque de los esclavos".

El otro incidente en Hatillo al que se le llamó "embrisque" y que se repite en los escritos de historiadores de la región Arecibo-Hatillo se refiere a un movimiento de huida y escape que tuvieron que hacer los hacendados canarios de Hatillo hacia el pueblo de Arecibo en 1898, después de la invasión estadounidense a Puerto Rico que terminó con el coloniaje español y que instauró el colonialismo estadounidense. Muchos trabajadores de las haciendas y esclavos liberados intentaron tomar la justicia en sus manos por los años de opresión social, política y económica a que fueron sometidos por los hacendados españoles y comenzaron a atacar sus propiedades y familias. En el caso de Hatillo, los hacendados, que en su mayoría eran de descendencia canaria, solicitaron la protección de las fuerzas armadas del gobierno de Estados Unidos y como respuesta se apostaron dos infantes de marina frente a cada hacienda de Hatillo para protegerlos. A pesar de eso, el temor a ser atacados era tan grande que la mayoría de esos hatillanos de la clase dominante se "embriscaron" para Arecibo en lo que la situación se calmaba.

A base de un estudio histórico-social y una etnografía intensa podemos concluir que esta tradición es un evento que ha evolucionado produciendo cambios en sus manifestaciones y evolucionando en sus formas hasta el presente. Cada elemento que compone el todo de la celebración se ha incorporado en diferentes tiempos según la utilidad para la misma. La tradición de «correr máscaras» no es del poblado, formalmente organizado en 1823, sino que es una manifestación popular que surge más tarde en la ruralía, en el campo. Las verdaderas razones y motivaciones para la celebración surgieron del área agrícola-ganadera de la región y no de la plaza del pueblo. Considerando la información recopilada en el estudio, podemos concluir que el embrisque al que hacen referencia los mayores fue el de la huida de los hacendados hacia Arecibo.

El Festival de Máscaras de Hatillo que se celebra en la plaza pública bajo el auspicio del gobierno municipal, es una creación moderna. Su organización comenzó en 1970, gracias a la gestión de jóvenes del pueblo preocupados porque la tradición de las máscaras se estaba perdiendo. Estos solicitaron a las autoridades oficiales usar la plaza pública de Hatillo para celebrar lo que era una tradición en los barrios y campos. Desde entonces, el festival oficial se ha venido celebrando, con alzas y bajas, en la plaza.

En toda esta celebración hay mucho más de lo que se dice. Un evento comunal de la magnitud del que se celebra en Hatillo todos los 28 de diciembre no es la mera celebración de una festividad del calendario religioso popular cristiano. Tampoco es un festival desarrollado solamente para fines turísticos.

CAPÍTULO II

Construcción del potlatch

Los estudios antropológicos sobre cultura y personalidad establecen que el examen de una manifestación popular tiene tres dimensiones diferentes que se deben analizar: la material, la cinética o acción (conducta en movimiento), ambas dimensiones observables, y la psíquica; es decir, los conocimientos, valores y actitudes de que participan los miembros de una sociedad que pueden no ser evidentes a los sentidos del antropólogo. Esta tercera dimensión se ha definido como cultura encubierta (Linton 1960). Este enfoque de teoría y personalidad establece que el estudio de una manifestación cultural debe incluir siempre el aspecto manifiesto y el encubierto para comprender la conducta humana.

Cuando comencé a descubrir y reconocer las contradicciones entre lo que se decía en la etnografía y la observación de los manifestaciones en la festividad de las Máscaras de Hatillo, pensé que había una manifestación encubierta bajo un mito que intentaba dar un razonamiento lógico a todo el evento. Era difícil comparar el evento social con otros festivales tradicionales, carnavales o actividades folklóricas de Puerto Rico. Sentí que necesitaba un código con el fin de recoger en una palabra el universo integrado de sus motivaciones, actitudes y manifestaciones. Encontré un concepto que reúne adecuadamente las características del evento hatillano en sus dimensiones manifiestas y psicosociales. Este concepto es "**potlatch**".

Varios antropólogos definen el potlatch como una forma de donación competitiva practicada por los Kwakiutl y otros grupos nativos de la costa noroeste de Norteamérica. En general se describe como una celebración en la que diferentes clases de riqueza eran distribuidas por el jefe de una tribu que recibía como huéspedes a gente y jefes de otras aldeas. Se narra como: canoas, comida, mantas y aceite de pescado eran obsequiados en grandes cantidades e incluso como eran destrozados al mismo tiempo. Así, el jefe trataba de demostrar lo rico, poderoso y generoso que era. Se explica en la antropología que el potlatch contribuía al mantenimiento de la sociedad Kwakiutl, aclarando públicamente cual era el sistema de jerarquía social y permitiendo al mismo tiempo una expresión de agresividad y competencia entre el grupo.

El potlatch es una actividad donde la propiedad se reparte, muchas veces en grandes cantidades para mantener el status social. También hay una actitud de indiferencia hacia la propiedad que se destruye y se establece un reto entre los participantes para que otros poderosos destruyan de igual forma. Es un evento social para cantar, bailar, regalar y compartir. Es muy común en los festivales de invierno que celebran las sociedades agrícolas. Para las sociedades nativas de lo que hoy es Estados Unidos, el potlatch era una demanda de la nobleza nativa ("noblesse oblige") ya que, aunque cada miembro hábil de la tribu participaba en la producción agrícola y de la riqueza, los que determinaban su repartición eran los del grupo dominante. Para estos "aristócratas" repartir su riqueza en un potlatch era demostrar su poder y generosidad inagotable. Lévi-Strauss (1987) incluye en su estudio del potlatch kwakiutl el elemento de la máscara y menciona la importancia de la misma en esta actividad.

El proceso hermenéutico, tan importante en el estudio de la cultura popular, permite hacer la siguiente definición integrada del potlatch para comprender lo que sucede en Hatillo. **El Potlatch es:**

1. **Una fiesta comunal-communitas**: Tiene que ser una festividad comunal orientada hacia los valores, símbolos, rituales y significados de la cosmovisión de un grupo cultural que se constituye y se siente comunidad. Surge del grupo, no es impuesta o sugerida por la cultura dominante. Esto no excluye que la comunidad se apropie de todo lo que la cultura dominante u oficial tenga que les permita vivir

significativamente su festividad. Lo importante es que el control de lo que se acepte o de lo que se haga apropiación sea una decisión de la comunidad. Víctor Turner (1988) aborda el concepto de communitas y aunque es en función de su estudio de las fases de los ritos de transición, específicamente la «liminidad» de los ndembu (sociedad agrícola africana), explica lo siguiente:

> Es una relación entre individuos concretos, históricos y con una idiosincrasia determinada, que no están segmentados en roles y status, sino enfrentados entre sí (...) Junto con esta confrontación directa, inmediata y total de identidades humanas, suele darse un modelo de sociedad, una especie de communitas homogénea y sin estructurar [desde la perspectiva institucional oficial], cuyas fronteras coinciden idealmente con las de la especie humana. (p. 138).

2. **Un reconocimiento al prestigio de los poderosos a base de lo que regalan y/o destruyen de sus bienes materiales:** Se estructura otra relación de poder, una jerarquía tribal de caciquismo, basada en lo que se da y se destruye, muy contraria al poder capitalista, que se fundamenta en la acumulación de riqueza. Según José A. González Alcantud (1998):

> Ser más que otro en la fiesta no es sinónimo de tener más, sino de dar más, del gasto sin fin. Uno de los mayores logros de la antropología cultural ha residido en el desentrañamiento de esa lógica: el kula de los Trobiandeses, el potlatch de los Kwaikiutl, son mecanismos de intercambio o destrucción de bienes económicos -comida, ropa- sin finalidad utilitaria. Grado cero del valor de uso y del valor de cambio, su más allá, la economía del don, dar para aparentar y para dominar. (p. 214).

3. **Ostentación a base del despilfarro:** Se ostenta en forma diferente a la ostentación corporativa-capitalista y sus valores que impregnan la modernidad. González Alcantud (1998) dice que se gasta para ostentar o para divertirse, o para divertirse ostentando o para ostentar divirtiéndose.

4. **Competencia en cuanto a dar, ofrecer, compartir y destruir para mayor prestigio:** Sin embargo, no se limita solo al «cacique» o

señor poderoso, sino que esa manifestación se reproduce en lo que pudiésemos llamar niveles socioeconómicos en la comunidad. Se compite entre los que se igualan en capacidad de dar y destruir. En el caso de Hatillo hay prestigio generado de esa forma en el barrio y en cada calle del barrio.

5. **Inversión ("investment") de dinero, tiempo y recursos materiales sin acumulación de riqueza o ganancias:** Esta es una antítesis a lo que se espera en nuestra sociedad; un absurdo para los valores industriales, corporativos y capitalistas. No hay ganancia monetaria, ni acumulación de capital. Se trabaja para despilfarrar, para dar, para destruir. Donde la máscara da prestigio e iguala a todos los que la poseen. Todos participan como iguales y el anfitrión rinde tributo a la máscara. Obviamente, lo que se ha dicho sobre la máscara como común denominador social, se presenta en el potlatch. Sin embargo, en Hatillo la máscara ha trascendido la careta, se ha incorporado al *Ser*. La máscara hatillana se presenta con careta o sin ella. La máscara sin careta retoma el carácter unitario y natural del hombre; lo humaniza.

6. **Con abundancia de comida y bebida:** ¿Cuántas actividades humanas podemos enumerar en las que el triunfo no se celebre con comida y bebida? Quizá sea más fácil hacer un recuento de lo contrario. El potlatch es una festividad de sociedad agrícola, donde el hombre siente que ha ganado sobre la penuria y la escasez. Mijail Bajtine (1995) nos habla sobre las imágenes de la cultura popular que se rescatan de la literatura renacentista y luego, a través de los tiempos, obviamente recreando las festividades agrícolas de la Edad Media. Dice:

> Es conveniente señalar que el trabajo y el comer eran colectivos; que toda la sociedad participaba en ellos por igual. El comer colectivo, coronación del trabajo colectivo, no es un acto biológico o animal, sino más bien un acontecimiento social (...) las imágenes del banquete mantenían siempre su importancia máxima, su universalismo, su vínculo esencial con la vida, la muerte, la lucha, la victoria, el triunfo y el renacimiento. (p. 253).

7. **Un evento planificado con mucha anterioridad:** El potlatch comunitario no es una festividad espontánea, pues el potlatch está

regido por el mito y éste es una construcción que sintetiza eventos en el tiempo. En el potlatch se efectúan los ritos para reencantar el mito. Esos rituales que a veces se convierten en la transmisión a los sentidos de los símbolos de su lenguaje, se planifican con tiempo para que su comunicación produzca la interacción efectiva de la comunidad. La misma destrucción de objetos materiales conlleva la planificación, utilización de recursos para su producción.

Se asocia, entre otras cosas, con el carnaval de invierno, característico de sociedades agrícolas en que se festeja el recogido de cosechas y la abundancia. De hecho, es un rito cíclico en tales sociedades. Víctor Turner (1988) lo expresa así:

> A menudo, asimismo se celebran en momentos muy precisos del ciclo productivo anual, para dar fe de paso de la escasez a la abundancia (como en los festivales de la recolección de los primeros frutos o la cosecha) o de la abundancia a la escasez (así, cuando se anticipan los rigores del invierno y se conjuran mágicamente). A éstos cabría añadir también todos los "rites de passage" que acompañan a cualquier cambio en la naturaleza. (p. 173).

8. **Una manifestación de catarsis colectiva:** Catarsis significa la expulsión de emociones reprimidas en forma repentina y violenta a través de la acción. Es limpiar la mente de los sentimientos perturbadores que son consecuencia de deseos reprimidos por los convencionalismos sociales y por otros valores que rigen el comportamiento de los individuos del grupo cultural. En Hatillo hay acciones permitidas ese día que son prohibidas o desaprobadas durante el resto del año. Entre otras, podemos mencionar la aparente violencia entre amigos, los ritos de iniciación y de cortejo, la ostentación pública, el ruido y el sonido ensordecedor, la violación de las leyes del Estado y la destrucción de bienes materiales. Estas acciones ayudan a liberar tensiones y conflictos sociales, pero también es una forma de resistencia popular a los valores de la sociedad de consumo dominante. Es una catarsis colectiva porque en el proceso participan miles de personas.

Estas características esenciales del potlatch están presentes en el evento hatillano, por lo que llamo la actividad de las Máscaras de Hatillo un potlatch puertorriqueño, un potlatch latinoamericano y caribeño en la modernidad.

El potlatch hatillano tiene un gran impacto en la economía y en las relaciones sociales del área agrícola-ganadera de donde surge. En su desarrollo se utiliza mucho dinero mediante el intercambio de bienes y servicios. Por lo contrario, es también un foco de resistencia que intenta rescatar a través de su organización y manifestación el valor de comunidad, de compartir y de la alegría popular que enfatiza esos valores sobre los de un materialismo pragmático que lleva al individualismo.

El propósito de este libro es presentar la cultura popular como una manifestación viva que permite a la sociedad relacionarse con su entorno físico, humano y espiritual. En Hatillo se integran las manifestaciones de pueblo en una catarsis regional opuesta a la materialización y comercialización de la cultura puertorriqueña. Como en toda acción humana, hay contradicciones que pugnan por establecer su influencia y dominio, aun en el potlatch de Hatillo. Esto hace que surjan elementos de transculturación o de cultura de masas de las corruptoras y ominosas agencias de publicidad para que las empresas comerciales saquen la festividad de su cosmovisión y convertirla en otra feria de venta de drogas lícitas, sexismo, artículos importados o, en otras palabras: oficializarla corporativamente. Por esta razón, una de las finalidades ulteriores de este libro es contribuir a crear una conciencia de autoconocimiento y preservar este potlatch como creación de pueblo en comunidad.

CAPÍTULO III

Hatillo: breve relato desde de sus orígenes al presente El contexto socio histórico

Para conocer una manifestación de un grupo cultural es importante ubicar la misma en el ámbito temporal y espacial, no solamente de un instante histórico sino a través del proceso (continuum) de su desarrollo estableciendo, como condición integradora, la dialéctica entre pasado y presente de cada dimensión de la manifestación. También es importante conocer las condiciones sociales, políticas y económicas; la historia del grupo y de la región, el entorno inmediato y lejano que incide en la misma; los cambios planificados o aleatorios, estructurales o funcionales que afectan a los individuos y sus interpretaciones de la realidad en su calidad personal y colectiva; en fin, todo lo que consideramos pertinente para comprender cuál es la génesis y cosmovisión de dicha manifestación y cuáles son o han sido sus significados en cada momento. Es buscar en todo lo evidente, pero también en lo que escapa a los sentidos, la grabadora, el vídeo, la cámara fotográfica; descubrir lo que no se refleja en las gráficas o la ecuación matemática. Es necesario encontrar la semántica de lo que se lee en los símbolos y la realidad de lo que no se expresa para concatenarlo con lo material y objetivo y lograr el contexto-significante-vivencial correcto. En otras palabras, nada surge de la nada, todo surge de un cosmos integrado y de la suma de la heterogeneidad de las interpretaciones individuales reaccionando a sus entornos geográficos, humanos y tecnológicos. Como nos dejara sintetizado en nuestra comprensión el pensamiento de Ortega y Gasset, *"yo soy yo y mi circunstancia"*, y siendo así del individuo y su ser, de igual modo de los individuos al ser colectivo. Es decir, en aquellas interpretaciones que hacemos o por los significados que adjudicamos a esa circunstancia y que compartimos con otros, entonces el agregado de lo que es igual o similar producirá una respuesta colectiva a los mismos hechos o realidades vivénciales.

Podríamos decir que cada grupo es, en lo que se muestra como un solo ente, un individuo colectivo agregado, y su circunstancia. Por eso, la antropología se nutre y establece su dialéctica como método para la verdad humana con la historia, el arte, los modos de supervivencia, las estructuras políticas, la religión, sistemas jurídicos y educativos, agendas sociales de élites de poder y conflictos de todo género entre una multiplicidad de factores más que podamos descubrir. Queremos saber, dentro de lo posible, qué se hace y por qué se hace.

Sin embargo, la intención holística puede ser agobiante e incomprensible al tratar de manejarse el todo sin explorar cada factor o estadio cognitivo entrelazado como en un rompecabezas complicado, parte por parte: cada pedazo sujetado e uno al otro con sus interconexiones evidentes o implícitas. Pues así se nos presenta la realidad, como una caja de piezas inconexas: caótica; pero que tiene en su esencia una organización razonable y armoniosa. Tenemos entonces que darnos a la tarea de buscar pieza por pieza esas conexiones que nos permitan captar con fluidez el conocimiento deseado.

Un pueblo no es solo su geografía, infraestructura y gente. Es, también, un hacer de *ser* y querer *ser*, lo que le da una personalidad propia. Ese hacer por *ser* lo convierte en algo vivo, con sentido, con identidad significante, pues sin gente manifestándose en el microcosmos que es, sería como un esqueleto bajo el sol. Un pueblo tiene vida y se debe comprender.

El estudio del trasfondo histórico es necesario para descubrir qué elementos en el desarrollo del pueblo, de su gente, de su entorno geográfico, han podido ir creando la cosmovisión actual de las máscaras. Para este propósito he usado la documentación oficial de Hatillo, los escritos pertinentes de la historia de Puerto Rico y las historias de la memoria colectiva. Es necesario analizar el desarrollo de los modos y medios de producción, por ser aquellos factores tangibles y medibles de la base material en la producción de la cultura, no como un determinismo privilegiado, sino para establecer las interconexiones en las interpretaciones de los actores a base de lo que conocen sobre su propia realidad.

Hatillo es un pueblo que, dentro de los parámetros de población, se considera pequeño. Está localizado al norte de la isla de Puerto Rico y sus límites municipales colindan con Arecibo al este, Camuy al oeste, Utuado al sur y por el norte el Océano Atlántico. Se calcula que la altura del centro del pueblo sobre el nivel del mar es de solo 2.154 metros, un nivel tan bajo que son varias las historias orales que se repiten popularmente en la que los viejos cuentan cómo las olas del mar, en una u otra ocasión, llegaron al pie del atrio de la iglesia católica en la plaza pública.

En Puerto Rico la plaza era el punto de convergencia entre el poder político, el poder eclesiástico y el poder popular. Un centro latitudinal y longitudinal de la vida en que el hombre se comunicaba entre sí, con el poder terrenal y la Divinidad. Ya ese centro del pueblo se ha ido de la conceptualización espacial de los jóvenes, pues la plaza se ha sustituido por las grandes superficies o centros comerciales llamados plazas -como Plaza del Norte, en Hatillo- y el urbanismo en su progresión geométrica asimétrica, ha borrado el azimuto mental de lo que es el centro original.

El municipio de Hatillo se divide en diez barrios: Aibonito, Bayaney, Buena Vista, Campo Alegre, Capáez, Carrizales, Corcovados, Naranjito, Hatillo Barrio y Hatillo Pueblo.

Para finales del siglo XX, solamente una quinta parte de la población vivía en el Hatillo urbano y el resto de la población vivía en los otros barrios más rurales del sur en los que disminuía la densidad poblacional (U.S. Bureau of the Census, 1991).

En los barrios del norte ha habido un mayor desarrollo urbano con establecimiento de escuelas, centros comerciales modernos, hoteles y diferentes industrias. Sin embargo, el territorio del municipio de Hatillo ha mantenido características de un hábitat semi-disperso, quizás lo más disperso que pueda estar en una isla sobrepoblada con un avanzado desarrollo urbano.

Hatillo es considerado un pueblo esencialmente agrícola, en el cual domina la industria lechera, lo que hace que sus pobladores se consideren la "Capital Lechera del Mundo", y así lo hicieron constar en un momento dado, mediante un letrero de bienvenida situado en la entrada del pueblo. La segunda fuente de ingresos en la economía de la región y del ayuntamiento la produce el comercio al detal de todo tipo de género, entre los que se encuentra el moderno centro comercial Plaza del Norte, establecido en 1993. Sin embargo, el dominio de la industria lechera es la fuerza preponderante en el desarrollo económico de Hatillo.

Como resultado, la actividad ganadera convirtió el área geográfica central del norte de la isla, entre los pueblos de Barceloneta y Camuy, en la región agrícola-norteña de mayor producción de leche en la isla, siendo Hatillo el mayor contribuyente en este renglón agrícola (Oficina de reglamentación de la Industria Lechera, 1998).

A través de los años, la proporción de vaquerías va variando en relación al desarrollo de otros negocios, el deceso de propietarios, consolidaciones de vaquerías y otras realidades de la cotidianeidad y de inversión económica.

Esta industria, que ha hecho de Hatillo un área agrícola-ganadera próspera ha sido el factor material más importante para el desarrollo del potlatch hatillano. La forma en que se celebra en la actualidad el potlatch como festividad característica de sociedades agrícolas, aún en la modernidad y el crecimiento de las máscaras de Hatillo durante la segunda mitad del siglo XX, ha tenido una relación directa y dialéctica con el impulso económico de la ganadería lechera en la región a partir de las décadas de los años cincuenta y sesenta. De hecho, donde se produce el evento con fuerza y constancia es en las áreas dedicadas a esa actividad agrícola, que vienen a ser los barrios rurales más llanos al norte de la región: especialmente Carrizales, Capáez, Corcovados, Naranjito, Buena Vista y Campo Alegre. El poder adquisitivo de los ganaderos-lecheros, unido a otros factores económicos, socio-históricos, tradicionales y culturales en general han facilitado la creación y estructuración del potlatch, dándoles prestigio y poder.

Todos los historiadores concuerdan en que Hatillo se mantuvo como un área dependiente de la agricultura durante más de la primera mitad del siglo XX. Se cultivó la caña e, inclusive, hubo una central para la molienda del fruto y producción de azúcar en el área menos llana al sur. También se cultivó el tabaco, el algodón y la piña. Desde 1950, los sembrados de caña se convirtieron en hatos ganaderos. A partir de esta década, el programa gubernamental de fomento industrial para Puerto Rico estableció varias industrias en la región también. Una industria importante que se estableció en Hatillo fue la industria de la aguja la cual empleaba mayormente mujeres.

Durante las décadas de 1980 y 1990 la industria de la aguja comenzó a dejar de ser fuente de ingresos para los hatillanos. Muchas fábricas cerraron y los trabajadores, en su mayoría mujeres, tuvieron que moverse a otras fuentes de empleo o emigrar de la región. Sin embargo, una representación de esta fuerza laboral desplazada se convirtió en una fuerza sinergística del potlatch y en las vivencias de las máscaras de Hatillo, al dedicarse desde sus hogares a coser los trajes de máscaras. Muchas de ellas compraron parte del equipo industrial de las fábricas cerradas, convirtiendo sus hogares en talleres particulares que son parte esencial de los rituales de la manifestación.

En cuanto a las características poblacionales, es evidente que la actitud de los pobladores antes y después de la fundación del pueblo de resistirse a reducirse a poblado, se ha mantenido a través del tiempo. La importancia de la actividad agrícola hace que, aún hoy, los habitantes de Hatillo, en su mayoría, prefieran vivir en un hábitat rural que consideramos cuasi-disperso. El agricultor viene al pueblo solamente para sus gestiones oficiales o financieras, visitar parientes, para la educación, fiestas y actos culturales o religiosos. Mientras, prefiere mantener la tierra y su ganado produciendo. Sabemos también que el progreso material, el urbanismo y las oportunidades de empleo y de educación fuera del municipio hacen que muchos hatillanos vayan a trabajar, estudiar o vivir a otras partes de la isla o al exterior. Pero también es cierto que éstos regresan al potlatch en los barrios de la ruralía, sin escatimar en costos monetarios, esfuerzos o sacrificios como hacen aquellos que viajan desde Estados Unidos para correr máscaras y luego regresan a sus labores e intereses en el continente.

La integración de los factores histórico-materiales para comprender la cosmovisión y el ethos de lo que es el microcosmos del pueblo Hatillo y su cultura popular nos demuestran que hay una concatenación entre su historia, el hábitat cuasi-disperso, la actividad agrícola-ganadera, el rechazo para reducirse a pueblo, los efectos de la industria de la aguja, las tradiciones populares que llegaron con los inmigrantes españoles (especialmente canarios) y la búsqueda del bienestar económico en general, que alimenta el desarrollo del potlatch y el orgullo hatillano.

Sobre el origen canario de Hatillo

Cuando se le pregunta a los hatillanos sobre el origen de la festividad de las máscaras, siempre mencionan que es una tradición que trajeron los primeros pobladores de la región, que vinieron de las Islas Canarias.

La memoria colectiva da por sentado que la fundación del pueblo y las costumbres tradicionales están relacionadas a los isleños. Todos los historiadores locales concuerdan en que la emigración que produjo la Cédula de Gracia concedida a la Isla de Puerto Rico por el rey español Fernando VII en 1815 permitió que viniera a la isla una buena parte de los primeros pobladores isleños [canarios] y que de éstos surgieran los fundadores del pueblo.

Estos isleños adquirieron tierras y vacas y se establecieron en su mayoría en los barrios de Carrizales, Capáez, Corcovado y Naranjito y que desde entonces Hatillo fue un pueblo ganadero ya que estas personas eran muy apegadas a la tierra y al trabajo. De ellos se dice que venían dos veces al año al pueblo: a las fiestas patronales en honor a la Virgen del Carmen y en las Navidades; y que fuera de eso, no venían al pueblo porque se dedicaban el resto del tiempo a cultivar su terreno en el campo.

La mejor aportación sobre el desarrollo del hatillo agrícola por parte de la diáspora isleña o canaria, ha sido la de Delgado Plasencia (1998) con su trabajo investigativo *Parientes isleños, hatillanos, lejanos y cercanos*. Este trabajo es un documento sobre la búsqueda genealógica de familias que reclaman sus raíces primigenias en esta región como de descendencia canaria. Después de obtener documentos y recopilar datos a través de historias orales, en entrevistas con miembros de familias identificadas como descendientes de isleños, se trasladó a la Isla de Tenerife con un proyecto investigativo avalado y, en parte, financiado por estos clanes familiares. Descubrió en la documentación oficial y eclesiástica, además de entrevistas en el lugar, toda una red de enlaces entre estos grupos originados por los emigrantes canarios. De los García encontró relación con otros apellidos como los Casanova, Delgado, Toledo, Mora, Abreu, entre otros, que son apellidos que se repiten en los clanes ganaderos que hoy día alimentan culturalmente el potlatch hatillano.

Los historiadores hatillanos siempre hacen referencia al apego de los primeros canarios a la tierra y la agricultura, pero vemos que no tenían opciones reales para establecerse en la región y dedicarse libremente al trabajo. Su libertad y esperanza se plasmó en las contradicciones vivénciales: riqueza/pobreza, libertad/esclavitud, esperanza/desasosiego, agricultura/atadura a la tierra, familia/servidumbre. Sin embargo, de ese sudor y lágrimas que estos labradores canarios -y recordemos que otros tantos peninsulares derramaron- se fecundaron, para bien o para mal, los poderosos clanes que, a su vez, sometieron a otros al poder económico y cultural como élites regionales dominantes.

El origen canario de la región como emporio agrícola guarda una estrecha relación con la aceptación generalizada de que fueron éstos quienes iniciaron el "correr máscaras", como una manifestación cultural de cosmogénesis isleña.

CAPÍTULO IV

Construcción de la mitología del Potlatch

La celebración del Día de los Inocentes y las Máscaras de Hatillo

En la búsqueda del origen para la celebración del potlatch en Hatillo, se descubren las raíces emotivas del subconsciente colectivo del pueblo, o sea, su cosmología, aquello que en la suma de todos, se refleja como lógico, en la manifestación de todos.

Los humanos, como seres sociales, actuamos de acuerdo a pautas sencillas y hábitos sociales establecidos como conducta normal, sin preguntarnos el porqué de los mismos. Ese por qué de lo que se reproduce como correcto, como línea de acción social, que no se piensa pero que se vive, es lo que intento establecer respecto a esta manifestación de cultura popular.

Al buscar el origen de estos eventos sociales encontramos que encierran una base de causalidad racional correspondiente a las reacciones de grupos culturales frente a sus realidades en el tiempo y el espacio, pero que se van constituyendo en un corpus de experiencia y conocimiento

18

que se transmite de generación en generación a base, ya no de toda
una lectura literal del pasado, sino como mitos, rituales y símbolos que
se transmiten en forma sintetizada, sencilla al entendimiento, de las
complejidades del pasado. Así se construye una identidad en el presente.

El estudio de la cultura popular nos ofrece datos para comprender
cómo estos procesos culturales han ido evolucionando entre grupos
culturales en otro tiempo y otro espacio geográfico, para fusionarse
en mascaradas o festividades comunitarias muy particulares en un
sitio específico. Es difícil determinar la cosmovisión en un evento
popular, pero se pueden inferir de su origen histórico y a base de la
importancia que conceden los grupos culturales ayer y hoy a las acciones
manifiestas de tales eventos y al confrontarlos al entorno y su realidad,
praxis-vivencial, hoy.

De esta forma, la llamada cultura encubierta va aflorando en este tipo
de análisis. Se busca hasta donde el conocimiento permite, lo que está
registrado en el corpus, la creación del mito. Como explica Lévi-Strauss
(1987) cuando dice: *"Entre mitos distintos o entre las versiones de un mismo
mito, el analista infiere conexiones lógicas cuyos términos distribuye en los
nudos de una red o en las ramas de árbol"* (p. 211). Según Mijail Bajtine
(1995):

> Las fiestas tienen siempre una profunda relación con el
> tiempo. En la base de las fiestas hay siempre una concepción
> determinada y concreta del tiempo natural (cósmico), biológico
> e histórico. Además las fiestas, en todas sus fases históricas han
> estado ligadas a períodos de crisis, de trastorno en la vida de la
> naturaleza, de la sociedad y del hombre. (p. 14).

Antes de comenzar el estudio del pasado sociocultural que originó
la tradición hatillana, resumiré brevemente las acciones manifiestas de la
misma.

El día 27 de diciembre es el Día de los Inocentes en Hatillo. No es
el 28 del mes como, probablemente, lo es en todos los países de habla
hispana donde se festeja tal día. La costumbre es que los niños se pinten
tres o cuatro cruces en el rostro para protegerse de los malvados soldados
de Herodes. Estos niños hacen uso de una vestimenta tradicional que
consiste, fundamentalmente, en una mitra de papel o de cartulina,
adornada con cruces y cintas de papel crepé de colores o con líneas de
colores pintadas. También usan un bastón o cayado pintado y adornado.

Vestidos de esta forma, van de casa en casa haciendo cuestación y cantando estribillos. Para guardar el dinero que reciben en las visitas a los hogares, cargan un bolso de tela o un calcetín. Si la persona visitada no les corresponde, pueden hacerle alguna maldad. Ese mismo día, al atardecer, comienzan a salir las máscaras, llamados los "soldados de Herodes". Durante el 28 de diciembre, los soldados o máscaras se mantienen haciendo maldades por toda la región, ya sea a pie, a caballo o en vehículos motorizados.

Este resumen, a grandes rasgos, es básicamente lo que se le explica a un visitante del área de Hatillo durante esas festividades y se le añade que ésta es una tradición originada en las Islas Canarias que traen los isleños.

Factores sociales y religiosos que considerar

Hatillo se funda en 1823. Esta era una región en la que se iba desarrollando la agricultura y la ganadería, y la mera fundación del pueblo demuestra que hubo en un momento dado la suficiente población para establecer una parroquia, lo que se hizo en 1830.

El alcance de la religiosidad oficial en estas áreas era limitado, lo que mantenía al campesinado y propietarios participando de una religiosidad católica personalista, fundamentada en las formas, ritos y creencias del bajo medioevo andaluz; cultura religiosa que comienza a llegar a nuestras costas en el siglo XVI. Estas formas no correspondían a los nuevos ordenamientos que se producían en la oficialidad eclesiástica después del Concilio de Trento en 1564 y las reformas en la Iglesia después de 1568, lo que permitía al hombre en su ambiente agrario y de hábitat disperso mantener su religiosidad de acuerdo a lo que ya conocía, ajustando sus prácticas devocionarias a su medio ambiente.

Ángel López Cantos (1992) en su libro *La religiosidad popular en Puerto Rico (siglo XVIII)* explica que la apatía religiosa debió tener varias excusas y que una de ellas fue sin duda los largos caminos que tenían que recorrer, salpicados de dificultades sin cuento. En algunos casos se necesitaban dos horas para ir y otras tantas para volver.

Arturo Dávila (1994), estudioso de la religiosidad popular y su arte plástico, explica que este aislamiento del hombre respecto a los pueblos fundados para el siglo XVIII, contribuyó al crecimiento de una religiosidad rica en magia y supersticiones del romano y del medioevo que, junto a otras corrientes, fue creando una religiosidad paralela a la de la iglesia oficial. El catolicismo oficial era muy sacramental y regimentado, con una liturgia basada en la meditación espiritual, mientras que el hombre del bajo medievo buscaba mucha de su espiritualidad a través de los sentidos, i.e., festividades relacionadas con los cambios en la naturaleza, cambios en la mujer, la siembra y la cosecha; en fin, en una mayor armonía con lo mundanal. Todo el fenómeno religioso del Reino de Sevilla en la baja Edad Media transmigra hacia las Antillas y el criollo quedó impregnado de su visión y cosmología. Esa religiosidad llega a Puerto Rico desde Sevilla a través del Consejo de Indias que administra la colonización de la isla en estos períodos tempranos de la colonización española.

Las festividades religiosas eran un medio empírico de incorporar a la sociedad a las celebraciones o conmemoraciones católicas. En éstas se usaban máscaras, vejigas, disfraces, maracas, música, fuego y otros medios, tales como el ruido; que permitían al hombre expresar sus emociones por medio de la acción. Otro aspecto importante de la fe medieval que aprendió el habitante de la isla es que el hombre pobre se consideraba la imagen de Cristo y que, entre las obras de misericordia que estableció el Concilio de Sevilla en 1512 -incorporadas a la cultura religiosa puertorriqueña desde entonces- estaban las de dar de comer al hambriento y dar de beber al sediento. Estas obras daban al hombre una misión de ayudar económicamente al pobre y de compartir su riqueza para lograrlo.

Lo señalado hasta el momento obliga a buscar las raíces hispánicas de la festividad de Hatillo antes y durante la colonización española.

Sobre la conclusión hatillana de que la tradición se origina en las Islas Canarias

Sabemos que el archipiélago de las Islas Canarias fue colonizado por los españoles antes de que comenzara la colonización de Puerto Rico a partir de 1508. A estas islas llegaron emigrantes de diferentes regiones de la península y, por esta razón, cada isla de las Canarias, inclusive áreas de una misma isla, tienen trajes regionales diferentes y la importancia que asignan a sus tradiciones es variada.

Alberto Galván Tudela (1987) en un estudio sobre las fiestas populares canarias, su origen y sus manifestaciones, las ha ubicado en los ciclos estaciónales. A través de su libro *Las fiestas populares canarias* se pueden comparar los paralelismos entre las celebraciones de estas islas y la celebración hatillana. En Puerto Rico no hay inviernos y veranos diferenciados por cambios significativos de temperatura sin embargo, el puertorriqueño tiene una conciencia cultural probablemente agrícola europea de ambas estaciones y divide sus referencias en el tiempo usando mayormente esas dos estaciones del año. El clima en la isla es estable durante todo el año, con pocas variaciones entre fresco, calor y humedad, característico de lo que es un bosque lluvioso tropical. Esta actitud de diferenciar el tiempo durante el año en esa forma se da también en las Islas Canarias.

En el estudio cultural de Galván Tudela (1987) no hay referencia al uso de máscaras para la celebración del Día de los Inocentes y los únicos elementos similares a las festividades hatillanas son las maldades y las cofradías de jóvenes para ejecutarlas. En Canarias, a diferencia de Hatillo, pero en correspondencia con otros pueblos de Puerto Rico que celebran o han celebrado los Inocentes, se hace el 28 de diciembre. En Hatillo esta celebración se hace el 27 y el 28 es el día de las Máscaras de Hatillo.

Galván Tudela menciona otros rasgos de las festividades en las manifestaciones de los canarios que son parecidas a las que se dan en Hatillo, pero durante el carnaval que se celebra entre febrero y marzo. Dice en antropólogo sobre la hospitalidad:

> (…) pero en los carnavales toma un significado más amplio, siendo la ocasión de establecer, en el marco de una reciprocidad mutua, una fuente de interacción social donde domina la ambigüedad, la broma y la comunicación generalizada. Esta conducta sigue manteniéndose en el campo y casi ha desaparecido en la ciudad, donde el espectáculo y la participación tienen un carácter más bien público y callejero. (p. 119).

Sobre las características del carnaval canario que son afines con las manifestaciones en Hatillo, Diego Talavera (1988) en su libro *Las Palmas de Gran Canaria, todo bajo el sol* dice que las murgas, aunque están inspiradas en las de Cádiz, tienen características especiales en Canarias. Estas agrupaciones son la esencia del carnaval y que llevan nombres tales como Los Lenguatrapos, Los Niños Malos, Los Guanches, Los Picapiedras, Los Revoltosos, Los Hijos de Caín, entre otros.

Ambos autores citados no evidencian nada parecido in toto a la festividad de Hatillo ahora o en años anteriores.

Delgado Plasencia (1998) en su estudio sobre el origen de los apellidos de las familias hatillanas descendientes de canarios, describe algunos elementos genéricos del carnaval canario que pueden verse en las Máscaras de Hatillo, pero como medio de expresión y no como esencia del evento.

La historia de la colonización de las Islas Canarias se desarrolla con un influjo de emigrantes de diferentes regiones de España y de otros países europeos que traen una gran diversidad cultural al archipiélago. Diego Talavera explica que desde 1339 viajaban a las islas genoveses, mallorquines, catalanes, sevillanos y portugueses para hacer comercio con los nativos de las islas: los guanches. Como resultado de estas invasiones se produce la desaparición de los guanches como grupo étnico diferenciado a partir de 1492. Además, durante el siglo XVIII llegaron británicos, portugueses, italianos, franceses y hasta originarios de Estados Unidos de Norte América.

Los canarios vinieron a las Américas desde el comienzo de la colonización para hacer fortuna, buscar trabajo individualmente o en grupos organizados para suplir la escasez de mano de obra, especialmente en la agricultura. Hubo en España, y por supuesto se afectaron las Islas Canarias, épocas de gran desempleo, hambre y economías deshechas debido a factores naturales y humanos: sequías, guerras intestinas y entre monarquías europeas y un rápido aumento de la población, entre otras. Estas causas obligaron a muchos españoles a contratar su fuerza de trabajo en las posesiones españolas. Entre estos grupos estuvieron los canarios, que preferían emigrar a América del Sur. Respecto a las Antillas españolas, los canarios fueron obligados en cierto momento a permanecer en las mismas como medida de protección de sus vidas y las de sus familiares, ya que, como consecuencia de las guerras de liberación suramericanas, se había generado un odio muy fuerte hacia ellos, por haberse identificado como realistas y conservadores e incondicionales.

Estela Cifre de Loubriel (1964), en su libro *La emigración a Puerto Rico durante el siglo XIX,* establece que se acogió en la isla a una pequeña inmigración de labradores canarios en el siglo XVII, lo que inició una corriente de inmigración de este grupo español que continuó durante los dos siglos siguientes, pero que no fueron los únicos. Los documentos históricos de mediados del siglo XVIII relejan la afluencia de peninsulares: catalanes, mallorquines y guipuzcoanos también. Todos venían a establecer negocios, a trabajar en casas comerciales o a labrar las tierras. En 1695 llegaron varias familias canarias traídas bajo los auspicios del Gobierno y atraídos por la facilidad de obtener tierras gratuitas. Setenta y siete de estas familias se avecindaron en los pueblos de Loíza, Bayamón y en las riberas del Toa. Por el año 1745 se fundó el pueblo de Toa Baja y sus primeros pobladores fueron isleños.

Raquel Rosario Rivera (1992) publicó una relación de emigrantes llegados a Puerto Rico procedentes de Venezuela en el que se refleja una emigración temprana desde Venezuela hacia Puerto Rico a causa de la Revolución Bolivariana. Entre los nombres que recupera del movimiento de canarios desde Venezuela aparecen muy pocos identificados como tales, ya que los nacidos en la península o en Canarias, por lo general no se inscribían pues se daba por buena su fidelidad al gobierno, y por lo tanto, los alcaldes no tenían obligación de enviar parte de su llegada al puerto de su arribada. En aquellos que están identificados como canarios o isleños, de Tenerife o de Lanzarote, aparecen cuatro de 1810 a 1812 y seis entre 1815 y 1830. Luego, en una relación tabulada de inmigrantes entre 1810 y 1848 aparecen 14 canarios identificados que se establecen en pueblos lejanos y cercanos a Hatillo. Sin embargo, uno de ellos, Domingo García aparece residiendo en Puerto Rico (sin especificarse el pueblo). Sus residencias se ubican en pueblos tan lejanos a Hatillo como Ponce, Toa Alta, Mayagüez y, solo uno de ellos, en Arecibo.

Los estudios de Cifre de Loubriel (1964) y los de Rosario Rivera (1992) basados en la documentación relacionada a la inmigración en el siglo XIX no aportan evidencia contundente que apoye el reclamo popular y oficial de una procedencia de canarios para asentarse y fundar el pueblo de Hatillo en 1823. De hecho, en un escrito de Enrique Lugo Silva (1984) sobre las corrientes inmigratorias en Puerto Rico, concluye que la gran mayoría de los inmigrantes del siglo XIX llegaron a Puerto Rico entre el 1851 y 1880. Sobre las familias canarias en Hatillo, Delgado Plasencia escribe que los García tomaron la decisión firme de emigrar durante los últimos meses de 1837 y principios de 1838; o sea, 15 años después de la fundación de Hatillo, ya que buscando documentos en el Archivo Histórico de Puerto Rico, encontró un censo de 1840 donde se menciona a Juan García Díaz pero asentado en el pueblo de Lares. Lo cierto es que a los canarios se les conoce en el Caribe como fundadores de pueblos. Hatillo no es el único pueblo en la isla que reclama ese origen. También lo hacen Toa Baja y Toa Alta.

En una publicación del Municipio de Toa Baja (sin fecha), se establece que el pueblo de Toa Baja se fundó en 1745 y que sus primeros moradores fueron familias procedentes de Islas Canarias de apellidos

Marrero, Salgado y Martínez. En otra publicación similar del Municipio de Toa Alta (1990) de esa misma región de las márgenes del Toa (Río La Plata), se establece que se fundó en 1751 por familias de isleños canarios.

A pesar de que los isleños preferían pasar a América del Sur, el gobierno español, por causa de las guerras libertadoras, tuvo que producir legislación que iba dirigida principalmente hacia este grupo de emigrantes. Escribe Cifre de Loubriel (1964):

> En el siglo XIX se dictó copiosa legislación para permitir canalizar y a proteger la emigración canaria, ya que uno de los asuntos que más preocupaba a las autoridades era la situación precaria de estas islas y su forzosa emigración. Generalmente, esta emigración se dirigía a Buenos Aires, Montevideo y Caracas. Durante la Guerra de la Independencia de la América Hispana, por señalarse los canarios como los principales defensores del partido español se ganaron la animadversión de los insurrectos, siendo por tal motivo objeto de represalias y persecuciones. La independencia de América del Sur rompió sus lazos con España e interrumpió la corriente emigratoria de peninsulares y canarios. Se hizo imperativo el encauzar la emigración canaria hacia otras regiones de Ultramar y para lograrlo se decretaron diversas disposiciones legales, a las que se añadieron otras destinadas a cortar el paso fraudulento de canarios de Puerto Rico a Venezuela. Todos los informes de Capitanes Generales de la isla están plagados de denuncias de tráfico ilegal. Se dictaron diversas disposiciones para dirigir la emigración canaria a las Antillas y para obligarla a permanecer en ellas. (p. 37).

En 1812 se extendieron a la isla de Puerto Rico los derechos y beneficios de la Constitución de Cádiz. Debido a las gestiones del militar puertorriqueño Ramón Power y Giralt se presentaron en Cádiz muchas peticiones para desarrollar la isla en su economía, educación, comunicaciones y libertades políticas. Se entendía que la isla había sido abandonada durante los siglos XVII y XVIII, al cobrar importancia las rutas marítimas de España hacia Cuba y los continentes, hoy, americanos. Cuando el Rey Fernando VII impuso el absolutismo monárquico en 1814, muchas de las esperanzas para el desarrollo de Puerto Rico quedaron frustradas. En 1815, el monarca aprobó para la isla una

Cédula de Gracia para su desarrollo económico. Entre otras cosas, este decreto permitiría a extranjeros católicos hacendados y terratenientes emigrar hacia la isla con sus familias y esclavos, por lo cual recibirían tierras gratis y una generosa exención contributiva. Los historiadores de Hatillo dicen que muchos de los canarios que se asentaron en la región vinieron buscando los beneficios de la medida fiscal-política en cuestión, pero la realidad es que la Cédula de Gracia de 1815 no produjo tanta inmigración como se esperaba, aunque sí produjo resultados económicos favorables. A ella se acogieron 637 extranjeros, mayormente políticos venezolanos. Según Cifre de Loubriel (1964), la inmigración durante la primera mitad del siglo XIX no fue tan masiva como algunos historiadores han pensado. En cuanto a los canarios, en los últimos años de la primera mitad del siglo se introdujeron unos 100 jornaleros. El incremento de la inmigración tiene su mayor auge en la década de 1851 a 1860. En estos años se produce el mayor porcentaje de inmigrantes a Puerto Rico durante toda su historia. Cuando surge la epidemia del cólera que y mueren 25.000 habitantes el gobierno español, por recomendación del Gobernador de la Isla, propuso una inmigración canaria, organizada y canalizada por las autoridades isleñas para suplir la falta de mano de obra. Por esta misma razón llegan chinos desde Asia también.

Estas medidas para aumentar la mano de obra que sugerían las autoridades, produjo la inmigración y contratación forzosa, no solo de canarios, sino también de castellanos, andaluces y chinos para cubrir las demandas de la creciente economía de cultivos a través de toda la isla. La mayoría de los canarios venían a trabajar como braceros. Las diez provincias españolas que más inmigrantes aportaron fueron (en orden descendiente): Oviedo, Barcelona, Gerona, Canarias, Baleares, Pontevedra, Coruña, Madrid, Santander y Cádiz. Los inmigrantes canarios representaron el 5,6% de toda la inmigración durante el siglo XIX. Estas personas trajeron tradiciones culturales que habían sufrido transformaciones en sus manifestaciones y cosmovisión general en el largo camino desde el bajo medioevo europeo, especialmente andaluz, pasando por Islas Canarias y/o el continente suramericano.

En Hatillo, los registros parroquiales de bautismos en el Libro de Blancos y en el Libro de Pardos de Nuestra Señora del Carmen entre 1830 (año en que se funda la parroquia) y 1840, no reflejan la procedencia de las personas en las partidas de bautismo. Hay en los mismos una gran diversidad de apellidos entre los bautizados, los padrinos y otros parientes es tan variada como los actores en las ceremonias. Entre los apellidos de familias había muchos que corresponden a familias en la actualidad, de todos los grupos económico-sociales, pero no había un predominio de ningún apellido como para indicar la hegemonía de algún clan familiar por lo que la población de Hatillo era heterogénea respecto a la procedencia de los pobladores en esa década.

El que las tradiciones de las máscaras u otras manifestaciones de la cultura popular en Hatillo hayan sido generadas mayoritariamente por habitantes de la zona de descendencia de las Islas Canarias es muy probable, pero no se iniciaron con la fundación del pueblo. La inmigración de isleños a la región no fue para 1823 sino, muy probablemente, para la segunda mitad del siglo XIX. Estos inmigrantes fueron creando clanes familiares que, aún hoy, se ufanan de este entronque español. Estos clanes que hoy son claves en el potlatch hatillano, son los que controlan la economía en su fase agrícola-ganadera. Delgado Plasencia (1998) explica, sin nombrarlos como clanes, el proceso biogenético-social-económico para la formación de los mismos. Dice que los matrimonios de las hijas tenían que ser aprobados por los padres enfatizando la costumbre de casamientos entre primos hermanos, una práctica que era bastante frecuente en muchas otras familias isleñas, aún en otros municipios distantes. La gran mayoría de las actividades que tenían los jóvenes se circunscribían a reuniones familiares organizadas y controladas por los padres. Respecto al control económico del clan los matrimonios intra-familia permitían mantener los capitales y fruto del trabajo en el seno de la familia y evitar problemas con personas extrañas. También se aseguraban de que los matrimonios practicaran la religión católica. En cuanto a las características de los isleños, continúa diciendo el autor:

> De cierto hay un rechazo absoluto al matrimonio con un nativo, un criollo. Ante todo si es indio, «prieto» o negro. Pero aun siendo blanco hay oposición absoluta. Los hijos han preñado las hijas de los medianeros, creando hijos ilegítimos, sin el apellido paterno, pero no aceptan que se casen con ellas (…) Es posible que hasta el idioma o la pronunciación del español, la forma de expresarse, sean deficiencias que no le hacen buen candidato para convertirse en yerno de un isleño (…) De hecho, si la persona no es católica, peor aún, si pertenece a otra religión, o tiene sentimientos nacionalistas

o independentistas, el desprecio a esa persona es absoluto. Por otro lado, los padres y jóvenes isleños son personas de campo, con poca o ninguna preparación académica, no están acostumbrados a convivir con personas refinadas de la ciudad, o con profesionales ilustrados en los diferentes órdenes de las ciencias o de las artes, de tal forma que se encuentran incómodos en ese ambiente. Por esta razón, sus hijos no se exponen a las actividades sociales de estas familias, donde, de hecho, en muchas ocasiones son objeto de bromas. (p. 52).

Este perfil de los inmigrantes canarios y sus relaciones sociales ratifica lo que han expresado los historiadores del área sobre su alejamiento del pueblo y del urbanismo, pero también refleja un proceso de clanes dominantes en lo económico y cultural. No hay duda de que quienes llegaron como trabajadores, con el tiempo, su trabajo y su adhesión incondicional al sistema y control político, se convirtieron en los protagonistas del quehacer económico y cultural de la región.

El control económico de los clanes de descendencia canaria en Hatillo para finales del siglo XIX queda evidenciado en las narraciones históricas acerca del embrisque en 1898. Cuando las tropas invasoras estadounidenses entraron a Puerto Rico el 25 de julio de 1898, hubo reacciones mixtas entre los boricuas. Entre esas, hubo la sensación de que al fin se terminarían los abusos, discrimen, crueldades, pobreza y humillación a que fue sometido el pueblo llano y trabajador puertorriqueño, por parte de la clase dominante peninsular y sus descendientes conservadores e incondicionales ante el poder colonial. Muchos puertorriqueños se organizaron en lo que se llamó "partidas sediciosas" y atacaron la clase dominante española, descargando un odio centenario contra ellos. Algunos con una agenda política de libertad, otros por venganza y resentimiento. Dice Delgado Plasencia (1998):

Los peones eran sometidos a labores con sueldos miserables y su subsistencia y la de su familia estaba supeditada a decisiones de sus patronos, que en muchas veces eran injustas. Sus hijas y aún sus esposas podían estar sumisas a los deseos de algunos poderosos, procreando hijos naturales que llevaban solo los apellidos de sus infelices madres. Sus tierras eran acaparadas "legalmente" por los grandes latifundistas, por precios irrisorios repitiendo la filosofía aprendida en sus tierras natales [Islas Canarias]. (p. 411).

Cuando comenzaron los ataques a las propiedades y a las familias de hacendados muchos de éstos huyeron despavoridos, o "se embriscaron" hacia Arecibo, para proteger sus vidas y la de sus familias. Las bandas o partidas de sediciosos quemaban las haciendas abandonadas casas y mataban los animales. El gobierno militar de Estados Unidos les brindó protección enviando una pareja de soldados armados para protegerlos de posibles ataques. Bajo la protección militar estadounidense, los colonos regresaron a sus residencias rurales.

Limón de Arce (1938), historiador de Arecibo e hijo de la diáspora andaluza, escribió lo siguiente:

> Esas partidas de bandidos que campeaba por sus respetos con absoluta impunidad durante algún tiempo, cuando ya no se encontraba en la zona rural un solo español, peninsular o isleño, a quien asesinar y robar, prosiguieron su nefasta obra de asesinato y pillaje contra sus mismos compatriotas puertorriqueños. Tan solo escaparon de sus garras aquellos propietarios que estaban en el secreto y a los que se acusaba a sotto voce de cabecillas o instigadores, o aquellas personas que pudieron conseguir una pareja de soldados norteamericanos para la defensa de sus lugares amenazados. (p. 382).

El carnaval de invierno y las fiestas saturnales

Si las máscaras de Hatillo fueron generadas por los canarios, esto es, por aquellos que en sus islas criollizaron aspectos culturales venidos del continente europeo, es importante establecer de cuál de las islas vinieron a países americanos y al Caribe trayendo esa tradición. También es necesario considerar que las tradiciones religiosas-populares pudieron haber sido criollizadas en pueblos que fundaron los canarios en América o en áreas que se establecieron como agricultores, dando paso a una evolución posterior que engendró algo diferente a su génesis. Para comprender estas evoluciones, transformaciones y nuevas creaciones que los criollos dieron a sus manifestaciones populares, tenemos que adicionar otras consideraciones sobre la religiosidad popular española a nuestro análisis.

Según el libro *El folklore español* (1968), del Instituto Español de Antropología Aplicada, en España hubo y hay tantas manifestaciones del pueblo respecto a la religiosidad popular que hay quienes pueden pensar que España no es cristiana, sino una colección de fiestas y ritos paganos. La visión de los centroeuropeos (posiblemente de visión protestante) puede concluir que el pensamiento mediterráneo sea así y que la expresión religiosa es más festiva, natural, desenvuelta, extrovertida y de mayores formas que la que es reflexiva, pasiva y cerebral. Queda establecido que el aspecto de la transmigración de una tradición al área de Hatillo es difícil de explicarse como exclusivamente canaria y sí como parte de las actitudes religiosas de diferentes grupos culturales españoles y de criollos, en la mezcla de ellos y en la adaptación e interpretación que cada grupo hizo del catolicismo. En el libro citado se explica que:

> (…) a la manera que la influencia religiosa personal tiene una tonalidad propia según sea el temperamento, carácter y fisionomía espiritual del individuo, así también las vivencias religiosas en el ámbito de la familia, del pueblo, de las instituciones colectivas en un determinado marco geográfico y sociológico toman una coloración especial. (p. 221).

Las fiestas o carnestolendas, como expresión social, ofrecen una aproximación al origen de las fiestas de las Máscaras de Hatillo, al igual que a la forma en que se celebra el Día de los Inocentes.

El carnaval comienza en diferentes tiempos para cada grupo cultural. Unos comienzan las fiestas en Navidad, otros las inician en la Epifanía o en marzo, asociadas a la Cuaresma y Pascua. Sin embargo, el carnaval que se llama de invierno o las llamadas "fiestas de los locos", tiene elementos muy afines con las fiestas de Hatillo. El hombre ha hecho festividades religiosas basadas en la explicación de su existencia y origen de las cosas observando la naturaleza. Muchas de sus fiestas tienen que ver con la agricultura y sus ciclos de siembra, cosechas, lluvias y sequía; otras corresponden a los ciclos reproductivos, la fertilidad y la menstruación de la mujer, entre otras cosas. En una forma u otra, estos rituales religiosos están todos asociados al sol o a la luna.

Las fiestas de carnaval de diciembre se consideran fiestas saturnales, de acuerdo a las fiestas paganas romanas, y fue debido a una aceptación estratégica del catolicismo que esas fiestas se incorporan al calendario cristiano para, de esta forma, ser la religión predominante en la cultura romana. Las saturnales y fiestas de invierno son sinónimo en el recuerdo colectivo de sociedades agrícolas europeas. Dice Eduardo del Arco, en su libro *Fiesta y Rito. Fiestas de Invierno* (1994) que la celebración romana de las saturnales se sitúa en los signos astrológicos que le son propicios, como domicilio de Saturno -Capricornio y Piscis-, períodos que comprenden los meses de diciembre y enero, en los cuales se concentran las fiestas más importantes de la génesis del cristianismo. Es importante considerar que las labores agrícolas implicadas en el período prácticamente se congelan y que durante el mes de diciembre, las faenas agrícolas, tradicionales son las de airear las tierras, esto es, voltearlas y prepararlas para la nueva siembra.

El invierno es una época de muerte y vida en la agricultura; pero con vida en la muerte. La Tierra entrega sus frutos en las cosechas y el terreno se prepara para una nueva vida, para dar nuevos frutos. Es como si la tierra terminara una función y luego se regenerara para hacerla de nuevo. De esa misma forma el hombre agrícola, en armonía con la tierra, recrea su identidad natural, la interpreta, vive su ritmo y crea sus explicaciones. Recoge su saber y experiencia y reformula ese conocimiento en un mito para el cual desarrolla ritos que le permitan vivir ese saber en diferentes períodos, pero ajustados a sus actividades de vida o muerte. El hombre agrícola festeja constantemente ese ciclo natural de nacer, crecer y morir y donde otros viven de los que han muerto. Al igual que la semilla crece, da su fruto y luego los despojos abonan el terreno para otras semillas, el hombre le entrega el cuerpo que vivió y alegró su espíritu a la Tierra. Por eso, la vida: el fruto/la vida: el cuerpo, se festejan, se disfrutan. La vida se expresa con una alegría que es regeneradora. El mito reencanta esa energía, le da una magia, un contenido sagrado que se vive a través del ritual. La alegría es rica, es de libertad y es de gozo. La energía del espíritu se manifiesta en la carne, en lo material y a través de esta. Es un caos de la vida, al igual que es la naturaleza. Se convierte en verbo a través del cuerpo. Este hombre agrícola, al aceptar el cristianismo como mito de vida, lo celebra con igual intensidad en el Nacimiento de Jesús, en la inocencia y la alegría de los niños. Pero para aquellas personas en las esferas del poder político, en unión al poder de las estructuras del cristianismo, que empezaron a razonar al hombre como un ente sobre la naturaleza, desprendido de la misma por la interpretación divina y antinatural, esas fiestas las describían como locuras y se les fue conociendo como "fiestas de locos".

Dice Jacques Heers (1988) en su libro *Carnavales y Fiestas de Locos*, que:

> Ciertos autores evocan constantemente, en los orígenes de esas fiestas de locos y de sus desórdenes, las tradiciones de la antigüedad romana, las Saturnales (…) más tarde, esas Saturnalia se hicieron anuales y fijadas siempre a fin de año (…) son fiestas populares, en cualquier caso muy libres. (P .22).

> (…) se habla frecuentemente de "fiestas de las calendas de diciembre". Evidentemente, ahí se origina la tentación de ver en ellas la herencia completamente normal de las famosas saturnales romanas (…) La idea en efecto, se impone por sí misma y no parece que, entre la fiesta pagana consagrada al dios Saturno en el bajo imperio y la de los primeros siglos del cristianismo, haya habido más que una brevísima solución de continuidad. (…) su origen no se encuentra jamás, en ningún caso, en la exaltación del loco, de la locura. El punto de partida es un ritual muy distinto, perfectamente común, normal, coherente: el de una celebración litúrgica según las reglas que la Iglesia imponía por aquellos días (…) Sin ningún género de dudas, esta Fiesta de Locos se inscribe en la historia de nuestra civilización y de nuestra sociedad como un exceso y una derivación. (p. 93).

Se les llamó Fiestas de Locos a la celebración de la Navidad-Nacimiento de Jesús y a los Santos Inocentes o Fiestas del Obispillo el 28 de diciembre, que eran fiestas que se celebraban dentro de la catedral y en las iglesias con festejos, bailes, bromas, ruido, cantos, alegría y risa. También se invertían los órdenes sociales y de la jerarquía religiosa. Eran festividades donde la cultura dominante y la cultura popular se encontraban niveladas en los rituales. Todo esto sucedía entre el 25 de diciembre y el 6 de enero (La Epifanía), pero que, como dice Heers, había la posibilidad de un anuncio para una prolongación durante los ocho días que siguen a la fiesta de la Epifanía, hasta la celebración del octavario el 14 de enero. En Puerto Rico aún es costumbre seguir la fiesta de Navidad hasta "las octavitas".

Así se integró la religiosidad popular pagana al sistema cristiano, permitiendo al pueblo un acercamiento a éste y, en la misma medida, impregnar el sentido y la orientación cristiana a la sociedad. Al pasar el tiempo, estas fiestas y tradiciones se han ido modificando, han sido prohibidas o se han diluido en un sincretismo de religiosidad popular cristiana. Dice Caro Baroja en su libro *El Carnaval* (1965), que:

> (...) lo que ha sido materia folklórica religiosa hasta nuestros días no es algo que siempre ha existido contra viento y marea y por razón de férrea voluntad popular, sino que autoridades superiores civiles o eclesiásticas, pese a limitaciones, restricciones, admoniciones, etc., lo han permitido año tras año, siglo tras siglo. Solo en algunas épocas las luchas internas del cristianismo han hecho que los representantes más autorizados de los diferentes grupos se vieran en la necesidad de registrar sus posiciones mentales, considerando imposible permitir cosas que antes se permitían. (p. 13).

> (...) uno de los argumentos que con más frecuencia han empleado los protestantes contra el catolicismo (considerándolo como heredero del paganismo precisamente) ha sido que ha recogido, aunque solo sea en la forma, cantidad de fiestas y advocaciones de las religiones clásicas griega y romana y las ha incorporado a su ritual. (p. 283).

Para Caro Baroja (1965), esto fue un signo de sabiduría y cordura, porque abrió un espacio dentro del sistema católico a las formas de celebrar sus creencias fundamentales. Muchas de estas fiestas tienen siglos de existencia y, aunque no hayan sido o no sean parte del ritual oficial católico, han sido permitidas por la iglesia, con variaciones, de tiempo en tiempo o de acuerdo al lugar.

Han sido muchas festividades religiosas que el pueblo mantuvo aunque fueron sacadas del ámbito de la iglesia. Esto sucedió, incluso, con las representaciones de obras y dramas religiosos, que se fueron agrupando en torno a dos momentos fundamentales de la vida de Jesucristo, el Nacimiento y la Pasión, que se representaban dentro de las iglesias. Al irse vulgarizando, i.e., dejando el uso del latín para usarse la lengua del lugar, el drama litúrgico de tipo eclesiástico se transformó en un espectáculo religioso destinado a un ambiente popular, por lo cual se infiltraron en él elementos profanos que disgustaban a las autoridades eclesiásticas motivando un traslado de las fiestas en la iglesia a la plaza pública.

Las mascaradas

En la literatura relacionada al carnaval se presentan elementos comunes de acción a todas las fiestas que eran actos de agravio y de violencia establecida en las que el orden físico iba unido al descomedimiento en el orden social, i.g., fustigar o aporrear con vejigas (recordemos que la palabra vejigantes viene de esa manifestación). En el carnaval se permitían grandes libertades, con máscaras o sin ellas, y se violaban los parámetros de conducta social aceptados como correctos. Se realizaban actos violentos tales como injuriar a los viandantes, ensañarse con ciertas personas y se transformaban las personalidades, incluyendo el cambiar el sexo con la vestimenta. El tiempo del carnaval está lleno de un contenido social, pero con una gran carga psicológica que permite al ser humano, hombre o mujer, enmascararse y cambiar su carácter, diluir su personalidad en una masa activa, expresar sus fantasías o frustraciones, ya sea por unas horas o por unos días.

La máscara, en general sirve para conocer el alma del hombre porque, en una dualidad psicofuncional, le permite ocultar al igual que sacar lo que esconde. Fernández y Hurtado escriben, en su artículo "La máscara a través del tiempo, su significado cultural", (1992) que:

> (...) sería difícil encontrar un bien cultural de valor más general, más amplio, más extensamente difundido. Y como no podemos pensar que sea un fenómeno más de difusión, tenemos que aceptar que sea manifestación de algo íntimamente unido a la esencia del hombre, a su capacidad de relacionarse con el medio, de expresión de sus inquietudes, de autoconocimiento, de saber lo que puede conseguir por medios normales y lo que no puede llegar a controlar porque es más fuerte que él o porque le trasciende. (p. 39).

Para Mijail Bajtin (1995)

> (...) el tema de la máscara es más importante aún. Es el tema más completo y lleno de sentido de la cultura popular. La máscara expresa la alegoría de las sucesiones y reencarnaciones, la alegre relatividad y la negación de la identidad y del sentido único, la negación de la estúpida auto identificación y coincidencia consigo mismo; la máscara es una transferencia,

de las metamorfosis, de la violación de las fronteras naturales, de la ridiculización, de los sobrenombres; la máscara encarna el principio del juego de la vida, establece una relación entre la realidad y la imagen individual, elementos más característicos de los ritos y espectáculos más antiguos. El complejo simbolismo de las máscaras es inagotable. (p.41).

Sin embargo, a pesar de todos los planteamientos que se han hecho en la antropología sobre la máscara, se produce en Hatillo un fenómeno que singulariza la fiesta, generando una energía vital en cuanto a su significado. En Hatillo, la máscara es la persona y ese objeto que, colocado sobre el rostro, con su miríada de formas, transforma, oculta, revela, engaña, saca la verdad... y que muchas veces ejerce la función de oposiciones, es la careta. En Hatillo el concepto máscara, que obviamente era la careta, se transformó como en una transubstanciación al *ser*, a las personas que se unen al ritual de correr máscaras. Las personas son las máscaras, el objeto que la oculta es una careta. Pienso que la máscara sin careta retoma el carácter unitario y natural: humaniza.

Sabemos que la máscara no solo oculta y engaña -dimensión oculta- sino que desenmascara - refleja la verdad. Es un concepto metafísico que establece una resistencia ontológica al poder. Las máscaras de Hatillo se remiten a unos orígenes agrícolas, se ritualizan en fiestas de Locos, tienen su mitología en vida-muerte-vida. Al ser máscaras sin careta, son más genuinas y naturales que las que ostentan el poder dominante en una sociedad con una doble escala de valores – podríamos decir, los que verdaderamente tienen máscaras.

En cuanto a las mascaradas, y de acuerdo con lo observado por el francés André Pierre Ledrú en su informe sobre el viaje que hizo a la isla de Puerto Rico en 1797, conocemos que desde ese siglo era generalizada la costumbre de los habitantes de Puerto Rico celebrar las fiestas del calendario romano usando caballos y máscaras. Escribió Pierre Ledrú (1797):

> Sábece cuánto gustan a los españoles las fiestas y ceremonias públicas. En Europa son apasionados a las corridas de toros, en América por las carreras de caballo. (...) Imagínense tres a cuatrocientos caballeros, enmascarados o vestidos con trajes extraños, corriendo sin orden por las calles, tan pronto solos, tan pronto reunidos en grupos numerosos (...) Los habitantes

de Puerto Rico celebran semejantes carreras las principales
fiestas del calendario romano… (p. 42).

Fray Agustín Íñigo Abbad y Lassierra, primer historiador reconocido
de Puerto Rico, había escrito en 1782 que:

Las fiestas principales las celebran también con corridas de
caballos, a lo que son tan propensos como diestros. Nadie
pierde esta diversión: hasta las niñas más tiernas que no pueden
tenerse, las lleva alguno sentadas en el arzón de la silla de su
caballo. En cada pueblo hay fiestas señaladas para correr los días
más solemnes. En la Capital son las de San Juan, San Pedro
y San Mateo. La víspera de San Juan al amanecer entra gran
multitud de corredores que vienen de los pueblos de la isla a
lucir sus caballos, cuando dan las doce del día salen de las casas
hombres y mujeres de todas las edades y clases, montados en
sus caballos enjaezados con toda la mayor ostentación a que
puede arribar cada uno. Son muchos los que llevan las sillas,
mantillas, tapafundas de terciopelo bordado o galoneado de
oro, mosquiteros de lo mismo, frenos, estribos y espuelas de
plata; algunos añaden pretales cubiertos de cascabeles del
mismo metal. Los que no tienen caudal para tanto, cubren sus
caballos de variedad de cintas, haciéndoles crines, colas y jaeces
de este género, adornándolos con todo tipo de primor y gusto
que pueden, sin detenerse en empeñar o vender lo mejor de su
casa para lucir en la corrida. Esta no tiene orden ni disposición
alguna: luego que dan las doce la víspera de San Juan, salen por
aquellas calles con sus caballos, que son muy veloces y de una
marcha muy cómoda. Corren en pelotones, que por lo común
son de los amigos o parientes de una familia; dan vueltas por
toda la Ciudad sin parar ni descansar en toda la noche, hasta
que los caballos se rinden. Entonces toman otros y continúan
su corrida con tanta vehemencia, que parece un pueblo
desatado y frenético, que corre por todas partes. No obstante
la confusión y tropel de la corrida, rara vez sucede desgracia
alguna (…) Estos, aunque el caballo corra a toda carrera, dejan
las riendas sueltas sobre el arzón de la silla, los brazos cruzados
(…) Las mujeres van con igual o mayor desembarazo y
seguridad que los hombres. Llevan espuelas y látigo para avivar

la velocidad de los caballos, de los cuales algunos suelen caer muertos sin haber manifestado flaqueza en la carrera, y todos quedan estropeados y sin provecho para mucho tiempo; verdad es que todo el año los cuidan para lucirlos en estas fiestas. (p. 190).

Uno de los libros que más aporta sobre el criollo, sus fiestas y juegos y que mantiene en evidencia la buscada línea de causalidad entre el bajo medioevo andaluz, la sociedad criollizada del siglo XVIII y principios del XIX en Puerto Rico, es el abarcador estudio de López Cantos de la documentación oficial, eclesiástica y literatura relacionada: *Fiestas y juegos en Puerto Rico (siglo XVIII)* (1990). Su enfoque parte de la conclusión antropológica, planteada en forma muy certera, de que:

Hay que pensar por tanto que cuando se produce el cambio de lugar de los individuos de cualquier sociedad llevan consigo no solo sus presupuestos religiosos, filosóficos y morales, que mediatizan su existencia, sino que también con su cultura material transportan aquellos principios de que le sirven para escaparse de la realidad cotidiana en determinados momentos y espacios. (p. 11).

El hombre se mueve de un lugar a otro como un ser integral que no es solamente su físico y lo material, con sus formas de producción, sino también con sus emociones, temores, temperamento, ajustes y desajustes psíquicos, sus creencias y valores; en fin, como un ser físico-espiritual. Por esa razón, el hombre europeo y luego el africano, llegan a nuestra isla con sus juegos, música, arte, religión e, inclusive, con todos los escapismos que usó para enfrentar su nueva realidad.

En el libro citado se establece que la mascarada se va fomentando en la isla en primeras instancias por la clase dominante -propietarios, hombres cultos, poseedores y dominadores de riqueza o posición social- con un propósito escénico para representar alegorías de todo tipo y acontecimientos históricos tanto próximos como lejanos en el tiempo, al igual que temas mitológicos. Pero, con el tiempo, el pueblo se va apropiando de esas mascaradas y las celebra como parte de su ser también. Y no es para menos, ya que el pueblo: el hombre y la mujer blancos que vienen de Europa para trabajar, para servir y ser usados; junto al taino o el indígena de otras islas y, luego, el africano, estaba envuelto en una dinámica de conocerse, entenderse e ir creando nuevas manifestaciones populares en un nuevo entorno y basadas en tan variadas raíces culturales. Este es el pueblo que, llamados vecinos, luego criollos y, más tarde, puertorriqueños, se mantenía en un proceso continuo de apropiación cultural, de sincretismo y participando de juegos y tradiciones de los grupos dominantes, dándoles personalidad propia. Dice López Cantos (1990) que:

> Las diversiones de tipo caballeresco como eran las mascaradas constituyeron regocijos en exclusiva de las personas distinguidas, pero que con el paso del tiempo, el pueblo se fue apropiando de ellas y a finales del siglo XVIII se convirtieron en elementos culturales del grupo inferior de la sociedad, pero añadiéndole su propia impronta. (p. 32).

Una de estas manifestaciones fueron las carreras desorganizadas de caballos, nombre que da el autor a las carreras que no eran para premiación, i.e., recorriendo un espacio en la menor cantidad de tiempo. Las desorganizadas eran carreras sin rumbo fijo por días y noches. Explica López Cantos (1990) que:

> (…) a cabalgar enmascarados de un lugar a otro, zahiriendo con sus chanzas y canciones la conducta de las autoridades y aún la vida privada de los particulares, sacando a relucir intimidades de no pocos vecinos (…) así permanecían hasta altas horas de la noche o a las primeras claras del día. Con el avanzar de los siglos hacia finales del siglo XVIII fueron tomando cuerpo en sus costumbres las alboradas, mascaradas, etc. (p. 41).

Esta apropiación y criollización de manifestaciones culturales no se constituyó en actividades excluyentes y antagónicas, sino que se impregnó toda la sociedad, lo que permitía hacer de las fiestas una catarsis momentánea de pueblo sin divisiones sociales y, aunque el espacio de la celebración fuese separado en ocasiones, la justificación del evento era de todos para enajenarse o escapar de su realidad. Era un entretenimiento que llevaban a cabo la nobleza al igual que el pueblo llano que lo asimiló como propio sin que tal apropiación cultural se convirtiera en motivo para que las clases dirigentes renunciaran a él.

Uno de los aspectos fundamentales de la cultura popular es la forma en que el caballo se convirtió en parte esencial de la vida y vivencias del hombre en la isla. Primero, debido al hábitat disperso y, siempre, como medio de transporte y para la coreografía en sus manifestaciones religiosas, oficiales, personales y de carácter lúdico. En Puerto Rico la relación hombre-caballo se estableció temprano durante la colonización española, pero, aún hoy, esa relación se mantiene con igual fuerza en la ruralía puertorriqueña. Uno de los lugares de la isla en el cual se puede apreciar este apego a la bestia para el esparcimiento y juegos del hombre es en los barrios de Hatillo, donde hay potreros importantes para la crianza de caballos de paso fino y donde se puede observar una actividad ecuestre muy grande todos los fines de semana.

En lo relativo a las fiestas y mascaradas López Cantos (1990), dice:

> En América las mascaradas mantenían las mismas connotaciones y estructuras que en España. Consistían en comparsas de estudiantes, de gremios de artesanos o de caballeros nobles y ricos que salían disfrazados con trajes y representaban personajes históricos, mitológicos, bíblicos (...) Otro sostén no menos importante en cualquier mascarada lo constituían las carrozas. En ellas, además de construirse de múltiples formas, hasta imitando navíos, servían de base móvil de alegorías estáticas y en no pocos casos, de estrado a los músicos que los acompañaban. (p. 189).

José Limón Arce (1938) escribe en sus memorias lo siguiente respecto a las fiestas patronales de Arecibo del Santo Patrón San Felipe:

> Las alboradas acompañadas por música, iban nutridas de máscaras curiosas, entre las que abundaba el tipo de vejigante con el tradicional traje bicolor con grandes aletas pintadas y careta de cartón con grandes cuernos (...) con la sarta de vejigas de cerdo infladas de aire [con las que azotaba en el suelo o le pegaba a los concurrentes] (...) El broncíneo cañón del Salvamento de Náufragos disparando determinado número de cañonazos, el alegre repicar de las campanas de la iglesia católica, los petardos y cohetes atronando el espacio (...) el cantar de las máscaras (...) el agudo sonar de las trompetas, (...) los gritos de los concurrentes entre los cuales

se confundían los hombres, mujeres y chiquillos del pueblo,
que seguían la Banda de Música que ejecutaba un marcial
pasodoble, todos estos sumandos heterogéneos formaban un
conjunto alegre y ensordecedor, que llenaban las almas de los
viejos de juveniles alientos y las de los jóvenes de inefable placer
(…) las carreras de caballos ricamente enjaezados … (p. 500).

En esta descripción subjetiva de las fiestas patronales arecibeñas
a finales del siglo XIX, Limón de Arce dice que fueron las costumbres
que llegaron con las familias españolas, entre ellas, su abuelo andaluz de
que llegó a Arecibo en 1844. Explica que toda esa alegría popular entre
lo profano y lo canónico ya que la que la Iglesia Católica participaba
también, cambió y fue desapareciendo después de la invasión de los
estadounidenses del norte en 1898.

Uno de los elementos importantes que introduce Limón de Arce,
es el ruido para celebrar la vida. El pandemónium de sonidos que
describe entre la pólvora (cañón, petardos, cohetes), lo natural (vejigas
que azotaban contra el suelo, gritos y cantos), lo metálico (trompetas),
los sonidos armoniosos (el pasodoble), ha sido siempre una forma
de celebración popular de la alegría y esparcimiento espiritual de las
sociedades. Para los viejos era la regeneración de la vida y para los jóvenes
la alegría de la vida.

En el caso de Hatillo, el ruido de la fiesta de las máscaras de Hatillo
es más parecido al del pandemónium descrito por Limón de Arce
(1938), pero con el uso de la tecnología disponible hoy. En Puerto Rico,
los petardos, cohetes y todo objeto que explosione por medio de la
pólvora (que no sean municiones legales o para fines industriales) están
prohibidos. Los hatillanos han solucionado ese problema instalando
dispositivos mecánicos en los vehículos de motor que reproduzcan las
contraexplosiones de los mismos con un poderoso volumen sonoro. Se
usan cláxones de aire comprimido de camiones de arrastre, sirenas con
diferentes registros armónicos. Junto y a la vez a ese sonido mecánico
se reproduce la música jíbara de campo con guitarras, poemas, amor y
desamor en su lírica vivencial de pueblo, pero también en un volumen
que se antepone y choca contra el sonido tecnológico moderno. Es como
si en el ruido se estuviese librando una batalla entre el campo y el pueblo,
entre lo rural y lo urbano, entre lo agrícola e industrial, entre lo artesanal
y lo tecnológico, entre lo romántico y lo moderno - que es, en sí, parte
del ritual de resistencia e identidad.

La hermenéutica demuestra que en Puerto Rico era una práctica generalizada celebrar las fiestas religiosas con correrías de grupos de personas enmascarados, a caballo y con vistosos trajes, donde la máscara era importante; entre el ruido (natural) y la música (domesticado) - cuerpo y alma de las fiestas de locos y carnavales que llegaron a la isla, desde el bajo medioevo, a través de españoles que se asentaron en la isla. Esas fiestas siguieron su curso en la alegría popular dentro de un proceso de criollización que las cambió, evolucionó y adaptó a un nuevo entorno humano-geográfico, pero sin negar su procedencia hispana.

El obispillo y los soldados de Herodes

Si el carnaval de invierno y las mascaradas nos ofrecen un acercamiento a las raíces de las festividades de los días 27 y 28 de diciembre en Hatillo, de todas las fiestas del carnaval de invierno o saturnales, es El Obispillo el que genera la fiesta del Día de los Inocentes. Esta fiesta se conoce también en la historia del folklore como "Fiesta de San Nicolás", "Fiesta de Estudiantes", o el "Obispillo de los Inocentes", y está basada, entre otras cosas, en el triunfo de la inocencia sobre las intenciones del Rey Herodes.

Caro Baroja (1965) explica que esta fecha se celebra o celebraba en España de diferentes formas en diferentes regiones geográficas y, en todas, su celebración era el triunfo de la vida sobre la muerte. El Obispillo se celebraba en Cataluña con un muchacho usando una mitra de papel dorado y plateado el cual iba acompañado por otros con mitras de papel blanco corriente y todos iban haciendo una cuestación de casa en casa, cantando una canción especial. En Navarra todos los niños de nueve a catorce años recorren las calles acompañando a uno de ellos que va vestido de obispo y al que eligen por suerte (al que le toca el as de oros en el reparto de la baraja). Van por las casas demandando limosna y cantando.

Luís Maldonado (1975) describe la fiesta del obispillo así:

> Entre los estudiantes (…), ha sido costumbre el día de San Nicolás (6 de diciembre) o el día de los Inocentes (28 de diciembre), elegir un obispo entre los niños cantores de los coros catedralicios. En las catedrales subía al coro y actuaba como obispo. Hacía toda clase de burlas. De ahí que a muchos

teólogos esta costumbre les pareciera no decente. El arzobispo de Sevilla, Fray Diego de Deza, suprimió esta costumbre dentro de su catedral. Igual hizo el Concilio Provincial de Toledo de 1565. En cambio, Fray Hurtado de Talavera, primer arzobispo de Granada (1428-1507) la acepta como un ejercicio de humildad. De hecho, el arzobispo ayudaba como acólito al obispo. (p. 26).

El Obispillo se consideró una fiesta de locos, una fiesta al revés. Dice Jacques Heers (1988) sobre el pasaje de San Mateo que pocos temas religiosos, de los que no presentan vínculo directo con la persona misma de Cristo, han atravesado los siglos con tal constancia, ni han mantenido tanto relieve e inspirado a artistas de temperamentos diversos con su fuerza.

Sobre la fiesta de al revés, añade:

> Así pues, la inversión de las jerarquías, para toda la sociedad en general o a veces únicamente en tal o cual círculo bien delimitado, no puede sorprender a nadie. Es un sueño, un juego… y una lección. Sobre todo, por supuesto, entre las gentes de la iglesia, las cuales meditan y proclaman las palabras de Cristo, que señalan en diversos momentos la vanidad de las condiciones humanas y la igualdad de todos ante Dios. (…) Siempre la imagen de la fortuna, de la rueda que gira y puede abatir a los poderosos para elevar a los débiles en su lugar. Es esta idea moralizadora que reúne manifiestamente a todos los movimientos que suscitan y conducen, primero en las catedrales y luego en la ciudad, los festejos de invierno (…) Las fiestas de los locos empiezan, casi en todas partes, en los círculos de los canónigos y el coro de las catedrales o colegiatas, en la noche de Navidad y con juegos de diáconos, y luego a los niños y el bajo clero en el lugar de los miembros del cabildo y de sus dignatarios. (p. 143).

Heers (1988), al describir la fiesta de los Santos Inocentes en la ciudad de Reims (Francia) dice se llevaba a un niño pequeño tocado con la mitra y cubierto con la capa pluvial, los guantes, el báculo y otros ornamentos episcopales; daba su bendición a los fieles reunidos y finalmente se le conducía por la ciudad entre juegos o bufonadas indecentes. Era una fiesta dentro de la iglesia o una parodia litúrgica que terminaba en un recorrido y en una cabalgata por la ciudad, para deleite popular. Era fiestas donde lo profano se convertía en sagrado y luego lo sagrado se hacía profano.

Eduardo Del Arco (1994) describe en su libro formas de la celebración de los Inocentes, hoy, en Andalucía. Escribe que en Albacete, Granada y Murcia salen cofradías o hermandades pidiendo dinero para sufragar misas para las "ánimas del purgatorio". Usan cascabeles y campanillas, se manchan la cara con tizne, zurran a la gente, zurran a los chicos. Este tipo de personajes están relacionados con las llamadas "Fiestas de Locos" que, con diferentes nombres, aparecen por las calles de los pueblos, gritando, bailando, pidiendo dinero, asustando a las gentes. Los de Málaga llevan sombreros llenos de cintas y en Alicante "atacan al público", cubriéndole de harina o polvos de talco.

El Obispillo y el Día de los Santos Inocentes aparecen como el ritual popular que retrae el mito de muerte y vida en el tiempo. La matanza ordenada por Herodes como hecho es el punto de origen. Este hecho permitió la síntesis, la interpretación canónica y popular y la construcción de ritos para retomar el significado del poder de la inocencia sobre la maldad. Así, el mito desde su propia regeneración, se va reinterpretando. Por eso, muchas de las celebraciones del Día de los Inocentes no parecen tener nada que ver con la narración de San Mateo.

Es importante notar que, cuando se produce la conquista y colonización española en lo que hoy son las Américas y, específicamente, en Las Antillas (1493 en adelante), la fiesta del obispillo estaba aceptada en el sistema religioso del sur de la península. Caro Baroja (1965) nos ofrece una cronología de la suerte que corrió dicha celebración en España.

1475	Se propone la abolición de la fiesta.
1512	Se reforma la fiesta en la catedral de Sevilla.
1563	La fiesta reformada se suprimió del todo dentro de la catedral, aun cuando afuera los estudiantes la siguieron practicando.
1565-1566	En el Concilio Provincial de Toledo, en la sesión segunda (de reforma), se redactó un canon, el número XXI, en que se manda *que no haya obispillos en las iglesias ni regocijo profano el día de los inocentes*.
1519	Se prohíbe también en el folio 30 de las constituciones sinodales de Cádiz.
1621	Fue terminantemente prohibida.

Siendo Sevilla el centro del poder español sobre la Isla de San Juan Bautista (Puerto Rico) a partir de los inicios de su conquista y eventual colonización a partir de 1508, y dada la misión evangelizadora de la Iglesia, podemos afirmar que entre las celebraciones religiosas que trajeron los españoles y que se transmitieron y reprodujeron posteriormente entre criollos de nuestra isla e, incluso, entre los isleños canarios, estuvo la "Fiesta del Obispillo". Caro Baroja (1965) establece que Fray Bartolomé de las Casas, en un capítulo de su libro *Apologética Historia de las Indias* terminado en 1564, no vacilaba en considerar la fiesta del obispillo como un vestigio de los saturnales.

Podemos concluir que la base religiosa de la fiesta o conmemoración del Día de los Inocentes en Hatillo está umbilicada a la religiosidad popular del bajo medioevo español, que aún impregna las manifestaciones culturales de un contenido pagano relacionado con los ciclos de una sociedad agraria. Esta festividad del carnaval saturnal llegó a nuestra isla con los colonizadores de los primeros siglos y perduró en áreas lejanas de centros poblacionales y puertos importantes, dada la característica de un hábitat disperso que no propiciaba el alcance de la iglesia oficial, especialmente después del Concilio de Trento en 1564.

El origen de la fiesta de los inocentes no llega al área hatillana porque, simplemente, los canarios la trajeron, sino porque hombres y mujeres con la visión del cosmos y creencias de la época se asentaron en la región para desarrollar una economía agraria-ganadera. Éstos fueron canarios que, junto a criollos, migrantes de otras áreas, esclavos y campesinos -los pardos y los blancos-, retomaron, adaptaron y organizaron la tradición religiosa del hombre español medieval (y alguno que otro renacentista) para criollizarla y que correspondiera a las realidades de su nuevo entorno. La forma en que se hace la celebración hoy, mantiene vestigios de su génesis escénica y particularidades mesurables, tales como la mitra, el cayado o cetro de poder, la cuestación casa por casa cantando; pero ha sufrido cambios para satisfacer nuevas necesidades y ser funcional para las expectativas, deseos y creencias de los habitantes del área de Hatillo.

CAPÍTULO V

La mascarada o carnaval saturnal en la manifestación del potlatch hatillano

La mascarada es el aspecto más fascinante de la celebración hatillana, porque es el vehículo que permite la catarsis del pueblo. Esta mascarada es única en Puerto Rico por su magnitud, su género y sus manifestaciones abiertas y ocultas. No es el único festival saturnal, ya que en noviembre se celebran carnavales con máscaras o caretas en otros pueblos de la isla.

La máscara "sui generis"

Uno de los bienes culturales más antiguos que posee el hombre es la máscara. Ésta es el instrumento para su transformación, un objeto que no solamente oculta, sino que saca lo que el hombre esconde. Con la máscara, los hombres de todas las sociedades pueden entrar en el plano espiritual y hablar con los dioses, al igual que convertirse en miembro de otra especie del reino animal. La máscara dice más del hombre que lo que el hombre conoce de sí mismo. Como dice el teólogo Jean Chevalier (1988), en el *Diccionario de los símbolos*, *"la máscara opera una catarsis, no esconde, sino que revela por el contrario tendencias inferiores que trata de poner en fuga" (p. 695).*

La máscara, como se ha establecido, no parece ser un bien cultural conocido por difusión, sino un bien que responde a la naturaleza del hombre y que ha surgido como parte de su enfrentamiento a las realidades a través de su evolución en el planeta. Las vivencias de casi todas las sociedades han hecho de la máscara una cosa que se ha creado en diferentes lugares y en tiempos diferentes. Es una creación desigual y evoluciona según le sirva al hombre. Conocemos máscaras japonesas, griegas, nórdicas, polinesias, kwakiutlíes, aztecas, yorubas, célticas, egipcias, incas, romanas, esquimales, chinas, etc. En fin, la máscara es un bien cultural de la humanidad. En cuanto a las máscaras que usa o ha usado cada grupo cultural sí podemos, en muchos casos, identificar su procedencia, influencias, evolución y difusión. Especialmente, si conocemos la mezcla de los grupos culturales, sea ésta voluntaria o involuntaria, i.e., por apropiación o imposición.

En Puerto Rico conocemos varias máscaras que hemos identificado como representativas de grupos culturales anteriores a la conquista europea y otras que son de la creación o adaptación de los puertorriqueños. En la actualidad usamos la máscara de madera taína, que representa el "Maboya", en el Festival Indígena de Jayuya. Tenemos dos versiones de máscaras de vejigantes que se usan en varias fiestas y carnavales a través de la isla: la de Loíza y la de Ponce. También hay otra versión de la máscara de vejigante en Dorado.

La otra máscara popular para las fiestas es la máscara de tela metálica con facciones de caballero español que se usa en Hatillo y en la celebración de los Tres Reyes Magos en Arecibo. También se usa en la Fiesta de Santiago Apóstol en Loíza.

Las máscaras de Halloween han ocupado el espacio de la fantasía transformadora en las fiestas de carnavales y han influenciado las manifestaciones tradicionales. Las versiones europeas de brujas, vampiros, hombres lobo, fantasmas, princesas y otros; y las versiones del cinema estadounidense y personajes de video juegos tales como: asesinos en serie, de muñecos y héroes fantasiosos todopoderosos son parte de las máscaras que se usan para transformarse los puertorriqueños.

En cuanto al día de Halloween, éste se ha ido convirtiendo en otra mascarada general, pero sin ninguna funcionalidad ritualista tradicional al igual que las diversas fechas festivas auspiciadas por corporaciones

capitalistas. Más que nada se ha convertido en un día de disrupción social
y vandalismo,

La máscara en Hatillo

Para comprender la mascarada en Hatillo y la explicación del potlatch
más adelante, hay que definir los términos lingüísticos y actitudes de
los hatillanos. En este microcosmos hay palabras que son códigos de la
festividad y que su entendimiento, tal y como lo entienden los hatillanos,
nos impregnará del sentido verdadero de sus acciones. Serena Nanda (1975),
refiriéndose a la lengua y cultura, explica que *"el idioma hace algo más que
reflejar la cultura; es la forma en la cual el individuo es introducido al ambiente
físico y social. En consecuencia, la lengua tiene un gran impacto en la forma que
el individuo percibe y conceptualiza el mundo"* (p. 89). Continúa explicando
que el vocabulario de una lengua también lleva cambios internos y externos.
Las palabras cambian su significado y se añaden nuevas palabras.

Este fenómeno de cambiar significados es parte de la evolución
de la tradición en Hatillo para corresponder satisfactoriamente a la
comunicación de sus acciones. Los términos más comunes que han
ampliado su significado son en orden alfabético:

Caña o cañita: Ron que se prepara clandestinamente en Puerto
Rico y que es la bebida favorita durante la mascarada. También
se usa para echarlo con pistolas de agua en los ojos de amigos y
visitantes. Puede estar curado o servirse como aguardiente.

Caña de pipa: El mejor ron clandestino, ya curado, y el más
sabroso.

Careta: Es la cosa de tela metálica, sencilla como el caballero
español, forrada de la tela del traje o, en tiempos recientes, el
pasamontañas o cualquier otra careta que se coloca sobre la
cabeza y el rostro para ocultar la máscara.

Carroza: Vehículo que sustituye al caballo y que puede llevar
un gran número de máscaras. Se elabora con diferentes motivos
y se forran con la misma tela que el traje.

Corredor: Se refiere a participar. Un corredor de máscara es una máscara que participa, no importa su edad o sexo.

Correr máscara: Es la acción de ir vestido con el traje de máscara, corriendo a caballo en un vehículo, sea un jeep o carroza, a gran velocidad por los barrios del campo. Se visitan amigos y parientes para lucir los trajes, hacerles maldades, comer, beber y compartir.

Costurera con ritmo: Se refiere a que la experiencia de trabajo le permite establecer un ritmo de costura durante el año para terminar la gran cantidad de trajes de máscara ordenados, antes del 28 de diciembre.

Estribos: Escalones que se colocan en los jeeps y las carrozas para sostener las máscaras. Se usan para subir al vehículo, al igual que los estribos de las sillas de montar a caballo.

Foam: (Se pronuncia «foum»). Espuma o crema de afeitar que se usa para echarla encima a los amigos y visitantes, especialmente sobre las mujeres jóvenes.

Header: (Se pronuncia «geder»). Dispositivo que se coloca en el sistema de escape de gases de los vehículos para magnificar el sonido de las contra-explosiones del motor.

Ídolo: Nombre que se le da al cantante emblemático de las máscaras y que representa la música del campo y de la montaña, i.e., (durante este estudio) Nito Méndez.

Jeep: (Se pronuncia «yip»). Vehículo que sustituye al caballo y en el que van entre tres a seis máscaras. El jeep se adorna con las mismas exigencias que una carroza. Es el vehículo de preferencia para el trabajo en el área ganadera.

Maldad: Se refiere a trucos, vejaciones, sorpresas, bromas, sustos, derribar a personas, destruir cosas, esconder cosas, esconder niños y todo aquello que les causa diversión, pero usualmente dentro de parámetros acordados entre máscaras y recibidores.

Manto: Se refiere a la capa que cae por la espalda del traje de máscara. El traje con un manto mantiene una connotación femenina de la vestimenta. En el manto, la máscara lleva los símbolos significantes que el grupo ha escogido.

Máscara: Esta palabra se conceptualiza para ir más allá del objeto que el hombre coloca frente a su rostro para transformarse. La cosa que se coloca una máscara para ocultar el rostro es una careta. No importa cuán elaborada sea o del material que esté hecha. La palabra «máscara» significa el hombre o la mujer ya transformado por su acción. En Hatillo, «máscara» es el *Ser*. Una persona es máscara, no importa en qué época del año se hable con ella o cómo esté vestido, sea un profesional, un ordeñador, un terrateniente o un empleado.

Medio máscara o «no es máscara completo»: Es aquel que no cumple con todas las cualidades de la máscara, que no corre por miedo a que se le ensucie el traje, usa su traje incompleto o que está pendiente del coste de su traje o vehículo, entre otros factores.

Mojiganga: Nombre que se le da a las comparsas de máscaras. Estas mojigangas son fratrías o cofradías muy organizadas y discretas. De acuerdo al diccionario *VOX*, la palabra mojiganga viene de la palabra "voxiga", que es una variante de "vejiga" y se refiere a:

1. Fiesta pública con máscaras y disfraces ridículos.
2. obrilla dramática jocosa.
3. burla, broma.
4. Puerto Rico y Santo Domingo, promesa o amenaza sin valor.

Recibir máscaras: Se refiere a la contraparte de correr máscaras. Esta acción la hacen las familias personas que no se visten con el traje de máscara, pero que reciben en sus hogares a todas las máscaras que los visitan para agasajarlos con música, comida y bebida. Los más prestigiosos recibidores de máscaras son los ganaderos. Pero el recibir se da en todas las dimensiones socioeconómicas.

Sagrado: Correr máscara es algo sagrado.

Traje de máscara: Es la ropa elaborada con un alto coste para vestir el día que se participa en la mascarada. El mito dice que las máscaras son los soldados de Herodes, pero el traje de máscara no se parece, ni remotamente, al uniforme o ropa castrense de aquella época. Se define como traje por la tradición, ya que los hombres que corrían a caballo en las mascaradas gustaban de tener ropas anchas con "mucho vuelo", cintas y otros atuendos que ondulaban con el viento de la carrera. En Hatillo, los hombres usaban los trajes de sus esposas o hermanas, preferiblemente los de fiesta con brillo y colores, para correr máscaras. Esta costumbre mantuvo el vocablo "traje" para la ropa que se usa ahora.

Truco: Juego con barajas españolas, exclusivo de Hatillo en la isla. Se juega con garbanzos y habichuelas. Se celebran competencias y hay jugadores que vienen de Estados Unidos, en su mayoría hatillanos, para competir.

Una media: Calcetín que usan los Inocentes para guardar el dinero que reciben de amigos y visitantes.

Wheeling: (Se pronuncia "wiling"). Consiste en levantar un vehículo sobre los neumáticos traseros mientras se inicia la aceleración hacia el frente. Este acto sustituye el hacer que el caballo se pare sobre sus dos patas traseras, ejecutoria de los que corren máscaras a caballo.

Zapatos de correr: Para correr máscara se usan zapatillas deportivas, de bajo coste, muy sencillas, que se pintan del color de los trajes. Esto permite mayor agilidad a la máscara y seguridad en los estribos de los vehículos.

Podemos resumir que, en Hatillo, una máscara es un corredor de máscaras que se viste con traje de máscara (que incluye una careta) para correr máscaras el 28 de diciembre.

Comprender que la máscara es el hombre y la mujer transformados, nos revela que hay reglas, códigos, simbolismos, rituales y otras manifestaciones relacionadas a los grupos de máscaras. Ser máscara implica vivir como máscara y estar ligado a un grupo que comparte la misma visión de su realidad inmediata. En este proceso la máscara adquiere las actitudes explícitas y ocultas para esa vivencia. Los códigos no están escritos, se viven. Las personas que se relacionan con las máscaras también desarrollan actitudes y patrones de conducta afines con la mascarada y se establece una relación dialéctica entre las fratrías y los habitantes de la región.

Tomemos como ejemplo, la influencia de las máscaras en el cortejo entre jóvenes hatillanos relacionada a los cascabeles del traje. Uno de los códigos dice que un buen traje de máscara no debe tener menos de 500 cascabeles; hay quien dice mil. Colocar esa cantidad de cascabeles con imperdibles en el traje toma un tiempo considerable. Por este hecho, se ha popularizado la noción de que es un honor para la mujer hatillana poner los cascabeles al traje de su amigo, novio o cónyuge e, inclusive, como gesto de amistad entre amigas. Esta actitud de autoestima femenina permite a los jóvenes que se gustan, pero que no se atreven a expresárselo mutuamente, conocerse a través de los cascabeles. Un joven solo tiene que acercarse a un grupo en el que se encuentre la muchacha que le gusta y decirle a todos, «tengo mi traje, pero no tengo quién me ponga los cascabeles». Si a la chica en cuestión le gusta el muchacho, solo tendrá que decirle que ella lo hará con gusto. Así se sustituye la pregunta: ¿Quieres ser mi novia?

El 28 de diciembre

Las máscaras empezaban a correr desde las 4:00 a.m. por la región, hora aproximada en que se abrían las vaquerías para comenzar el ordeño. Seguían corriendo todo el día y no era hasta las 3:00 o 4:00 p.m. que comenzaban a bajar a la plaza del pueblo para el festival, donde se sucedían unas a otras hasta tarde en la noche. Esto ha sido así porque las mojigangas (es lo mismo que grupos, fratrías o comparsas) no bajan hasta que no han cumplido con su agenda prioritaria por el campo. No todas las carrozas que preparan los grupos bajan al pueblo. He sido testigo de numerosos grupos con carrozas, preparadas con un gran coste y calidad artística, que prefieren seguir corriendo por los caminos vecinales y las fincas y a quienes no les interesa el festival. Las comparsas a caballo, que a veces tienen sobre 10 máscaras con hermosos trajes y sus caballos regiamente adornados, en su mayoría no bajan al pueblo. Estas máscaras a caballo son numerosas al sur de la carretera número dos, o sea, por la ruralía y áreas ganaderas. Durante los últimos años, y por acuerdos con el ayuntamiento, las mojigangas salen a correr a las 7:00 a.m. Pero algunos salen a correr desde que comienzan a funcionar las vaquerías. Los reglamentos de las autoridades municipales siempre intentan controlar los horarios para correr máscaras. Pero no importa que intenten controlar o entorpecer el evento siempre se corre máscaras. He estado con fratrías probando el equipo de sonido a las 3:00 a.m. antes de salir a correr.

En general, las mojigangas se reúnen para el ritual del desayuno entre las 6:00 a.m. y las 10:00 a.m. El ritual consiste en reunirse en una de las casas de los familiares de uno de los miembros del grupo y comer un sustancioso asopao, acompañado de tostones, pan y otros alimentos que les dará las energías para iniciar la mascarada. La mayoría de las máscaras no han dormido en toda la noche terminando, a perfección, los detalles de sus monturas (caballos, jeeps y carrozas). También han estado bebiendo y de fiesta. El asopao del desayuno los reanima y les da la energía necesaria para partir a correr, energía que se va a suplementar constantemente con las comidas y bebidas que les dan en los hogares que los reciben. El ritual del desayuno incluye, generalmente, un círculo de oración que forman las máscaras, agarrados unos a otros, para pedir a Dios que les permita correr con alegría y hermandad y que no sucedan accidentes.

Después del ritual del desayuno, viene la despedida de sus familiares y comienza el ritual de iniciación para muchos jóvenes. Temprano en la mañana se pueden observar las máscaras saliendo de diferentes casas representativas de todo nivel socio-económico. La mayoría de los que corren son jóvenes, varones y algunas hembras (especialmente en los grupos de mayor poder adquisitivo). Éstos son despedidos por sus padres y abuelos, como en un ceremonial de pasar la tradición de correr máscaras de una generación a otra. Este es el cuadro en varios lugares: entre besos y abrazos, fotografías toma de vídeos, se produce la despedida de la comparsa. Parece que los jóvenes de da familia van a entrar en otra vida o a iniciar una misión sagrada.

Cada comparsa tiene un nombre, el cual exhiben prominentemente en sus carrozas o jeeps. Estos nombres corresponden a actitudes populares tales como: "Los Iracundos", "Los Bulliciosos", "Los Primos Revoltosos", "Los Confinados", "Los Incordios", "Los Hijos de Papá", "Los Traviesos", "Los Insoportables", "Las Bestias", "Los Inocentes", "Los Majaderos", "Los Traidores", "Los Burlones", "Las Rebeldes", entre otros cientos más.

Esto, como se ha señalado anteriormente, se hace igual en los carnavales de las Islas Canarias. También hay nombres que aluden a la mitología bíblica y a otros temas que tienen que ver con la religiosidad local, i.g. la reproducción gráfica de un antigua ermita u oratorio familiar de la región. En un festival anterior a 1990 se hizo una reproducción a escala de la iglesia de Hatillo. Ésta era tan grande que, al entrar la carroza a la plaza, el campanario de la iglesia representada derribó los cables del tendido eléctrico del pueblo, dejando a varios sectores de la población sin luz por varias horas. También hay carrozas sobre hechos históricos, como fue el navío español lleno de conquistadores en 1991, "El Quinto Centenario" en 1992, una carroza en forma de un carro de combate una máscara representando a Saddam Hussein en 1998 y una representación de las Torres Gemelas del "World Trade Center con un avión incrustado en una de ellas y echando humo" en el 2004. La industria azucarera ha sido representada con centrales a escala que echan humo, como la carroza de la antigua central que hubo en el barrio Bayaney de Hatillo y de la que quedan solo ruinas y un recuerdo. Con la misma habilidad y creatividad se ha representado a la industria lechera, y los trajes de sus máscaras han tenido el diseño "Holstein" (vacas para el ordeño que tienen la piel blanca con manchas negras desiguales). La industria del café, las costureras de Hatillo, también han sido representados. Otras carrozas presentan temas modernos de evidente transculturación producida por el cine fantasioso estadounidense, como los "Los Ninja Turtles", "Los Mickey Mouse", "Carton Network", "Casper" y "Los Inmortales". También se presentan carrozas que mezclan lo tradicional y la fantasía como fue la de Goofy (personaje de Walt Disney), representando un bombero en una carroza que tenía un gran modelo a escala del Histórico Parque de Bombas de la ciudad de Ponce.

Aunque los diseños de los temas en los trajes parece ser infinito, la forma del traje rara vez varía. Inclusive en los trajes con diseños de muñecos fantasiosos y héroes del cine estadounidense, que están dibujados en sus mantos, casi nunca se usa una careta de los mismos. He observado alguna que otra máscara con un traje tradicional y careta de goma de personajes típicos de Halloween.

Entre las opiniones encontradas de los hatillanos están aquellos que quieren mantener los diseños de tradiciones religiosas, especialmente sobre los temas que pueden representar los eventos narrados por San Mateo, los de la Navidad o de otras representaciones de la vida de Jesús; y la opinión de los que buscan la creatividad en los diseños, sea de lo que sea para celebrar la mascarada, pero sin salirse del traje y careta tradicional, que es la de tela de alambre y forrada como el traje.

Si hay un elemento del traje que ha variado paulatinamente durante los años de celebración ha sido la careta. Una de las nuevas apropiaciones que han hecho las máscaras para ocultar su identidad ha sido el pasamontañas. Como he mencionado, la máscara es la persona y la careta lo oculta. El pasamontañas en más flexible que la careta de alambre, la cual en la mayoría de los casos no la llevan puesta y, aunque sea caluroso para el trópico, probablemente no lo es más que la careta de alambre forrada, en la cual también hay rizos de la tela que, a veces, obstruyen la visibilidad. El pasamontañas que se para protegerse de bajas temperaturas en la nieve, se convierte en un "juguete útil" para las necesidades lúdicas de las máscaras. De esta forma, el código del símbolo cambia de registro y se remite a otra dimensión que se generaliza paulatinamente.

En la mascarada participan en ocasiones personas vestidas de personajes tradicionales de las fiestas de carnaval o del Obispillo como lo es la figura del "loco" o de "la loca".

En la plaza he visto la figura del loco haciendo maldades y que corresponde a las celebraciones del Día de Los Inocentes. En el libro de Luis Maldonado (1975), *Religiosidad Popular*, la figura del loco durante la celebración del Obispillo se describe como sigue:

> Estamos ante una auténtica representación del "abbaas stultorum" o "rey de locos", el niño era equiparado al loco, el obispillo era "obispo de locos". Paralelamente, el día de Inocentes, salen trece locos, de los cuales doce lo son de verdad, más una loca. La loca es un mozo disfrazado. Los locos van vestidos de blanco, con enaguas, brazos de raso y con lentejuelas. (p. 29).

La correría es una vorágine de energía, ruido, música, color y alegría, maldades y rituales de iniciación, de cortejo, de hermandad. Ese día, las comparsas convergen en todos los caminos y cruces de carreteras de la región y en las casas que los reciben, pero el encuentro más impresionante es en el cruce de Lechuga al mediodía.

Este es un cruce de calles que une tres barrios: Capáez, Naranjito y Corcovado. Aquí la catarsis es impresionante y el nivel de violencia entre máscaras y de éstas hacia algunos espectadores parece aumentar en intensidad. Esta violencia puede asustar el visitante, pero es parte del ritual de camaradería. Se observa máscaras que rodean a una persona, la despeinan, le echan cerveza, ron, foam, agua y la abrazan, hasta que la derriban al piso. Una vez cae al piso, le brincan encima otras máscaras y se forma una bola de colores, cascabeles y apretones, unos encima de otros. Esto sucede también entre comparsas. Una máscara que reconoce a otra le brinca encima y, al caer al piso, se forma un pandemónium de máscaras. Pero la forma más común de celebrar los encuentros entre amigos es cuando dos máscaras se funden en un abrazo, comienzan a girar dando brincos en círculo hasta que caen al piso, acto que aprovechan las otras máscaras para saltar sobre ellos. En estos saludos y contacto entre grupos, situaciones que se repiten por toda la región, muchos de los trajes costosos se despedazan, se pierden sus piezas y se lastiman las máscaras. También se van rompiendo las carrozas y los jeeps, ya que muchas máscaras se trepan sobre cualquier parte de los mismos para saltar sobre los demás.

Después de Lechuga siguen corriendo de la misma forma por toda la región, visitando a los que reciben, hasta que en algún momento deciden bajar a la plaza del pueblo. Esto puede ser tan temprano como las tres de la tarde o temprano al oscurecer. Después de estar en la plaza, ya sea para competir, lucir sus trajes, complacer a las autoridades y que los vean los turistas, siguen corriendo por la ruralía para terminar su agenda o van a alguna fiesta para comer y beber, celebrando así el final de la jornada.

Claude Dougas (1991) usando el mito religioso de los soldados de Herodes como fundamento para su análisis, describe el correr máscaras con palabras tales como *"vacarne infernal, ce defile sauvage, enfer, le pillage"*. A los soldados de Herodes los llama *"les terroristes, guerriers, cents jeunes partiront à l'assaut"*. Pero la visión del autor es de admiración, ya que observa el proceso de inversión en las acciones manifiestas y su finalidad cuando escribe: *"Que vous soyez natif d'Hatillo, ou simple touriste vous pourrez prendre ce que vous voulez. Le pillage légendaire s'est transformé en don"* (p. 28).

Mijail Bajtin (1995) explica cómo desde la Edad Media, las autoridades oficiales han querido controlar la fiesta popular, lo que en esencia es mantener la diferencia entre el grupo dominante y el subordinado, o sea, la diferencia de clases, aun cuando concede espacios temporales para la manifestación de una aparente igualdad al dominado. Este espacio de inversión del orden se entra en los presupuestos del grupo dominante y se le presenta al pueblo como un favor, una gracia. De esta forma, la cultura dominante se apropia de elementos de la cultura popular le cambia sus registros y códigos para devolverlos al pueblo controlados y ejercidos desde su propia perspectiva de poder. Así, la fiesta popular se convierte en fiesta oficial. Entonces sucede lo que apunta Bajtin (1995):

> … las fiestas oficiales contribuían a consagrar, sancionar y fortificar el régimen vigente (…). En la práctica, la fiesta oficial miraba solo hacia atrás, hacia el pasado, del que se servía para consagrar el orden social presente. La fiesta oficial, incluso a pesar suyo a veces, tendía a consagrar lo establecido, la inmutabilidad y la perennidad de las reglas que regían el mundo: jerarquías, valores, normas y tabúes religiosos, políticos y morales corrientes. La fiesta (oficial) era el triunfo de la verdad prefabricada, victoriosa, dominante, que asumía la apariencia de una verdad eterna, inmutable y perentoria. Por eso el tono de la fiesta oficial traicionaba la verdadera naturaleza de la fiesta humana y la desfiguraba. Pero como su carácter auténtico era indestructible, tenían que tolerarla e incluso legalizarla parcialmente en las formas exteriores y oficiales de la fiesta y concederle un sitio en la plaza pública. (p. 15).

Vemos cómo esta lucha entre lo oficial y lo popular se mantiene aún. Bajtin inclusive hace un análisis del control de la cultura dominante sobre la risa festiva, especialmente durante la creación de los paradigmas dominantes burgueses de seriedad, rigor matemático, trabajo y esfuerzo para la acumulación de capital y el cristianismo sobrio y sufrido; pensamientos que adquieren fuerza con las tendencias intelectuales de la Ilustración. La risa no mostraba entonces la naturaleza humana primigenia, sino una corrupción del hombre, según la cultura dominante. Dice Bajtin:

> La actitud del siglo XVII en adelante con respecto a la risa puede definirse de la manera siguiente: la risa no puede expresar una concepción universal del mundo, solo puede abarcar ciertos aspectos parciales y parcialmente típicos de la vida social, aspectos negativos; lo que es esencial e importante no puede ser cómico; la historia y los hombres que representan lo esencial e importante (reyes, jefes militares y héroes) no pueden ser cómicos; el dominio de lo cómico es restringido y específico (vicios de los individuos y de la sociedad); no es

posible expresar en el lenguaje de la risa la verdad primordial
sobre el mundo y el hombre; solo el tono serio es de rigor; de
allí que la risa ocupe en la literatura un rango inferior, como un
género menor, que describe la vida de individuos aislados y de
los bajos fondos de la sociedad; la risa o es una diversión ligera
o una especie de castigo útil que la sociedad aplica a ciertos
seres inferiores y corrompidos. (p. 65).

En la cultura dominante puertorriqueña, los valores de lo que
es correcto impuestos de la sociedad estadounidense capitalista y
fundamentalista protestante, también infravaloran la risa y la fiesta
como cosas de tontos, pérdida de tiempo (el tiempo es oro), algo
improductivo. No es para menos que la cultura popular se presente como
una resistencia a muchas de las intenciones de una transculturación
oficial.

También encontré que los nombres de fratrias y líderes inscritos en
los documentos oficiales del ayuntamiento se sometían en casi todo tipo
de papel inventado por el hombre, i.e., papeles llenos de grasa, cajetillas
de cigarrillos, bolsas de "strassa", servilletas, vasos sanitarios, pedazos de
cartón y otros; y con nombres de líderes de comparsas tales como: Papo el
loco, Chapulín, Quenepo, Pito Batata, Cocho, Paito, Elcano, Cuco, Pipe,
Pelly, Yuko, Yoyo, Pavo, Chucho, Bejuco, Topoyiyo, Los hijos de Gume,
etc.

Estos son los apodos de los responsables de las acciones de sus
máscaras que produzcan una queja de un hatillano o de un visitante, o un
accidente. Al grupo se le asigna un número que colocan en forma visible
y casi siempre como parte del decorado de la carroza o jeep. Cualquier
reclamación por daños y perjuicios se hará usando este número.

En el caso de Hatillo, donde las máscaras enfatizan la communitas, el
apodo es más que suficiente para la identidad de la persona y sirve como
elemento de compromiso y responsabilidad tanto como su nombre real
con los dos apellidos, pues la responsabilidad es moral del ser y no del
nombre.

Cuando el presidente del Centro Cultural se propuso en 1994 *"abrir
el portón de la número 2"*, según sus palabras, para lograr la interacción
de las máscaras al pueblo, los reglamentos eran más flexibles y el control
dependía mayoritariamente de la voluntad de las máscaras.

Pero todo comenzó a cambiar hacia el rigor corporativo desde
1994 en adelante. Desde esa fecha hay hojas de inscripción elaboradas,

reglamentos escritos, hojas de entendimiento de los reglamentos, hasta 1998, donde se le entregó a los grupos un reglamento formal con toda la tonalidad legal, a manera de contrato, además de los formularios de la Policía de Puerto Rico, so pena de incurrir en violaciones castigables por la ley en nombre del orden. La intención de tener un control "oficial" sobre la alegría popular continúa año tras año.

Mientras en Hatillo hay mascarada el resto de la población de Puerto Rico puede estar en sus trabajos y en otras labores, y totalmente ajena a la conmoción y emociones que los hatillanos experimentan ese día. Como he señalado, el día de correr máscaras es inalterable. Sin embargo, no todos los residentes del municipio corren máscaras o participan del evento. La participación de personas residentes en los barrios Bayaney y Aibonito es escasa, en ocasiones, ninguna. Esto se debe a que la carretera que va de Arecibo a Lares es como una frontera que separa esos barrios del sur de Hatillo de los del norte y ha facilitado una mayor comunicación de los residentes de esos barrios con Arecibo que con Hatillo.

El caballo

En la memoria colectiva que he recogido en las conversaciones con personas mayores, se me ha narrado cómo el 28 de diciembre se llenaban los montes y el horizonte de máscaras a caballo que iban en grupos que, a veces, pasaban de 100 personas. Corrían por los  campos haciendo maldades, incluyendo el rapto de niños que escondían de sus padres por un día.

En las crónicas de los primeros siglos de la colonización española se describe cómo el caballo se convirtió en el vehículo de entretenimiento y de placer lúdico del criollo. A pesar de que en Hatillo el caballo sigue hoy rindiendo esa función, el proceso de apropiación cultural de las máscaras, los ha llevado a usar modernas máquinas que les permiten transportar un mayor número de máscaras, hacer ruido y moverse a gran velocidad. Sin embargo, el caballo es aún el medio preferido de muchos para correr máscaras.

Las máscaras a caballo pueden observarse en los barrios de la ruralía. Muy pocas bajan al pueblo. De todos modos, bajar al pueblo no era la costumbre antes ya que eran despreciados y rechazados en el área urbana. También evitan que el ruido de las máquinas asusten o lastimen a sus bestias. Pero no todos piensan igual. Hay excepciones en aquellos que han llevado a la muerte a sus caballos que, exhaustos de correr y beber hay quienes emborrachan sus caballos-, han dado su último suspiro en el evento. No es extraño para los hatillanos ver máscaras y caballos borrachos juntos, corriendo o tirados a la orilla de una finca. Son muchas las anécdotas que se conservan a través de tantos años de tradición. Se cuenta que las máscaras antes salían a caballo y que eran grupos de hacendados que, junto a los peones de la finca, corrían para saludar y hacer maldades, que si bajaban al pueblo les tiraban chupas y que por eso se quedaban en los campos. Aún hay jóvenes que se aferran a la tradición de correr máscara a caballo.

Un joven me contaba que su bisabuela por parte de madre vino de las Islas Canarias, al igual que su bisabuelo por parte de padre y que ella le contaba que cuando venían muchas máscaras a caballo todos corrían a esconderse. A este joven lo sacaban de Inocente cuando era niño, pero desde los doce años corre máscara.

Muchas de las mojigangas de caballos se van organizando con jinetes que no pertenecen a ningún grupo, por lo que todos los trajes son distintos, preferiblemente usados. El día de correr máscaras, los grupos se reúnen cerca de las 5:00 a.m. en las vaquerías para herrar y bañar los caballos. Para estos jinetes es tan importante correr máscaras a caballo que si no hay caballos disponibles hay que buscarlos de todas formas. En una ocasión participé en la búsqueda de una yegua. Fue la noche de un 27 de diciembre bajo un aguacero intenso. Fuimos a una finca buscando una yegua "loca" que decían que no sabía parar y que, al intentar detenerse, se "espatarraba" en el pavimento, objetivo que no se logró gracias a que su amigo "Tornillo" lo convenció de que buscara un caballo prestado. Pero que, entre una y otra cosa, la movida duró hasta las 4:00 a.m. Pero era importante ir a ver como preparaban los caballos a las 6:00 a. m.

Este grupo come su asopado a las 10:00 a.m. porque dicen que no se puede comer muy temprano, porque se gastan temprano. Al salir van invitando máscaras a caballo que están solas y el grupo aumenta durante la mascarada. Como las autoridades municipales y la policía no permiten la entrada de grupos a caballo al pueblo, los jinetes buscan diferentes formas de llegar hasta la plaza. En una ocasión rodearon el pueblo y entraron a la plaza por el lado oeste desde Camuy en vez desde la carretera número 2, por el que acostumbran a llegar los grupos al pueblo. Una vez allí, continuaron sus maldades.

Otro corredor me informó que tenía un tío a quien llamaban "La coneja", porque brincaba mucho. Dice que la gente gritaba: "hay que esconderse, que ahí viene la coneja". Esta persona salía de máscara a caballo y se metía en los negocios y en las casas con todo y yegua. A la yegua le gustaba mucho el ron caña y ambos se emborrachaban. También contó que su papá alquiló una vez un caballo para correr máscara y que cuando lo entregó, el caballo estaba borracho, se espatarró y ahí quedó: se murió. Tuvo que pagarlo.

Otra corredora me narró que una vez pidió prestado un caballo para correr máscaras y que lo devolvió en una camioneta. Cuando el dueño del caballo le preguntó sobre el animal, ella le contestó: "ahí está, en el cajón". Lo entregó muerto y tuvo que pagarlo.

En Hatillo el caballo es muy importante y hay que pensar que muchos hatillanos son vaqueros. El caballo se usa hasta para las celebraciones de bodas y cumpleaños, en las cuales se traen grupos de mariachis (música mexicana) para amenizarlas. En muchos pueblos de Puerto Rico la gente usa el caballo como mascota, pero en Hatillo estancias de crianza de caballos. De todos modos, muchas máscaras, hombres y mujeres son excelentes jinetes.

Jeeps

Una de las apropiaciones culturales modernas consiste en el uso del jeep para correr máscaras. Al mismo se le adaptan sistemas de suspensión fuerte y de sonido de gran volumen y calidad. Estos jeeps son forrados con tela de peluche, de tiras de plástico o con la misma tela y rizos de los trajes de máscara que cosen las costureras. El jeep es un vehículo fuerte que,  además de ser adecuado para el trabajo en el campo y áreas ganaderas, permite acarrear entre 5 a 7 máscaras saltando sobre el mismo, tratando de volcarlo y haciendo "Wheeling". Para los propósitos de la catarsis, se le colocan altavoces, sirenas, bocinas (claxons de aire comprimido) y biombos de luces de grúas. En la parte posterior se adaptan estribos grandes, lo que facilitará el "Wheeling" cuando las máscaras mueven su peso hacia la parte posterior del vehículo. Una corredora cuya familia siempre ha participado de la tradición me explicaba que tener un jeep para correr máscaras obligaba al grupo a tenerlo en condiciones óptimas para correrlo todo el día desde la madrugada hasta por la noche, con vías máscaras brincándole encima, visitando lugares por la ruralía; y que por eso invertían para tener la mejor suspensión, el motor en óptimas condiciones. También llevar otra batería, mangas de radiador, otro neumático y así evitar que se "esbiele". Me decía que hay jeeps que se esbielan ese día y los hombres lloran como niños.

En otra ocasión su hermano me explicó que el jeep de ellos es del año '76 o '79 y que luego de adquirirlo le pusieron $1,500.00 en piezas y arreglaron la caja por $1,000.00. La mano de obra se la economizaron, ya que él es mecánico y dueño de un desguace en el barrio. Esos costos no incluían los de la tela, la barra de rodaje (por si se vira), los aros nuevos, la plataforma de madera, tres sirenas y equipo de música. Me dijo que a los jeeps se le quita el bonete del motor y se le pone un bonete de madera para desbaratarlo brincándole encima y que lo mismo se hace adentro con una plataforma de madera para proteger la caja nueva. Estimaba que las mejoras y arreglos, adaptaciones y mano de obra para tener un jeep listo para correr máscara tenía un coste aproximado de $5,000.00 a $7,000.00. Pensaba que una comparsa pequeña gasta entre $9,000.000 a $12,000.00 para el 28 de diciembre. A este coste había que sumarle la gasolina, aceites y demás consumibles considerando que el vehículo correrá a gran velocidad entre 18 a 20 horas ese día. Cuando le pregunté qué pasaría si el jeep se destrozara, me contestó que había un disfrute entre ellos por lo que no sentirían la pérdida y que al dueño del jeep no le importaría el destrozo. Que lo hacían con deseo, lo soñaban.

En este grupo había un mecánico, un vendedor de autos, un estudiante universitario, una estudiante de escuela superior, una investigadora forense del Departamento de Justicia, un trabajador social y un pentecostal que ayudaba al grupo hasta el final, pero que no corría máscaras porque lo condenaba su iglesia e iría al infierno al morir. Esta es una familia de generaciones de corredores y el número de féminas en el grupo ha aumentado a través de los años.

Otro corredor es Junior, un joven que se crio en Nueva York. Para él, lo más grande en su vida ha sido redescubrirse y lograr un sentido de pertenencia a su puertorriqueñidad a través de las máscaras de Hatillo. Desde su hogar, en un residencial de Hatillo, fuimos a una casa en un campo, lejos del pueblo, donde estaban trabajando en un jeep. Allí nos enseñó todas las piezas que había comprado su grupo para hacer de esa montura una de las mejores. Le quitaron toda la suspensión que trajo de fábrica y la reemplazaron por una que resistiese los brincos e intentos de virarlo. El motor se estaba trabajando para que desarrollara mayor potencia y hacer mejor los "wheelings". Le pusieron un «header» para que el sonido del motor fuese ensordecedor y una potente sirena para ser los mejores haciendo ruido.

Otro grupo preparó dos jeeps y su líder me informó que eran 13 máscaras que pagan $280.00 cada una ($3,640.00). Pudieron economizar dinero porque él es maestro de tapicería y una de las máscaras es el costurero que cosió todo el forro de los vehículos sin cobrar un centavo.

Un grupo que corría máscaras siempre en carroza decidieron hacerlo en jeeps en 1997. Con ellos pude conocer el costo, tiempo hombre/hora y dinero que se invierte para que la máquina funcione bien, no falle y sea segura. Fueron meses de preparación. Los jeeps se probaban después de cada arreglo y el más mínimo o insignificante sonido extraño era cotejado una y otra vez hasta llegar a lo óptimo en funcionamiento. También se probaron en simulacros del 28 de diciembre, i.e., corriendo y brincando sobre los mismos. Al preguntar por qué incurría en tanto gasto y me contestaron: *"Es una tradición, por ser hatillano, uno lleva el corazón en eso: salir de máscara. Es una meta; ser máscara y salir en grupo".*

Debido a las exigencias de la Policía de Puerto Rico respecto a los vehículos de las máscaras, muchas comparsas han dejado de usar carrozas y han adoptado el jeep como su "montura" para correr.

Carrozas

En una ocasión perseguí por los caminos entre vaquerías un vehículo que era una plataforma de madera, para conocer como estaban construyendo lo que, a todas luces, era una carroza. El que la conducía apretó el acelerador y no se detenía, pensando que yo era del gobierno, ya que su vehículo no tenía matrícula. Se metió en una vaquería para esconderse. Al encontrarlo y explicarle mi intención, entró en confianza y me habló sobre su proyecto. Su grupo estaba formado por ordeñadores de vaquería. Para construir una carroza estuvieron juntando dinero para comprar un carro viejo. Como se les acortaba el tiempo para tenerla lista y no había podido reunir lo suficiente, el líder del grupo agarró su automóvil, un viejo Camaro de 1975, y lo picó con su hachuela por el mismo medio. Pude constatar que debajo de aquellos paneles de madera y cartón estaba lo que una vez fuera el Camaro deportivo. Con el dinero que habían juntado, compraron los "headers" para hacer mucho ruido. También estaban comprando trajes usados, con colores y diseños parecidos, para hacer una comparsa. El líder me dijo que no iban a competir, sino a correr máscara porque es cuando se goza. Me informó que el 28 decidirían si bajaban a la plaza del pueblo.

Otra carroza que observé en construcción era una furgoneta de 1969, con motor 300. Tenía un alternador de Mustang de 1980, de 100 amperes, y frenos de una camioneta Ford 350. El diferencial tenía agarre en los dos neumáticos traseros para "wheelings". A esta carroza se le instaló una planta eléctrica de 5,5 kw y, para el sonido, 2 bocinas de 800 watts cada una, un amplificador de 1.000 watts por canal y tres sirenas de ambulancia. También tenía 4 sistemas eléctricos de sonido y pitos diferentes. El claxon o bocina regular es una trompeta de aire comprimido, de las que usan los camiones de arrastre. Debajo de la plataforma tiene un compresor con tres líneas para la trompeta y para llenar los neumáticos en caso de emergencia.

Esta carroza, al igual que todas las que salen a correr, necesita dos personas al frente, que hacen las veces de piloto y copiloto o navegante. El chófer se ocupa de girar, acelerar, hacer «wheelings» y frenar. El que va a su lado es responsable del sonido, luces y de otros efectos, para lo que se instala un sistema de interruptores en el panel de instrumentos. En el grupo había, entre otros, dos policías estatales, un guardia del sistema de corrección, un soldador, dos mecánicos, un electromecánico, un empleado de una farmacéutica, estudiantes universitarios y desempleados. El coste estimado para la carroza era de solamente $5,000.00 por año porque ellos buscaban la forma de economizar. A cada máscara se le asignaba una cuota de $275.00 para comenzar a cubrir los gastos. Me mostraron los archivos de la cofradía y la forma en que registraban sus finanzas.

Otro grupo compró una carroza usada que estaba hecha con un chasis de camioneta y tenía una gran cruz sobre su plataforma. Le instalaron sirenas, altavoces, ecualizador y radio para la música jíbara. Como el esqueleto de la carroza estaba hecho, comenzaron a decorarla apresuradamente, tarea que vi interrumpida cada vez que comenzaban a dispararle con las pistolas de grapas (presillas) a cualquier avispa que se aventurara a entrar en su escondite, en un juego y diversión incesante, o cuando la señora de la casa tenía que lavar ropa y los echaba afuera del lugar. La carroza se estaba decorando debajo de una casa en el campo, entre gallinas y otros animales. Una secuencia de frisas (edredones), toldos y manteles que colgaban de los pilares de la residencia escondían de los espías de otras fratrías el diseño secreto de la carroza. Cuando los entrevisté, habían invertido $2,000.00 solamente en los materiales para la decoración. Inclinaron la cruz, la forraron con sus símbolos y se le treparon encima. Era una fratría de estudiantes jóvenes.

Una carroza muy costosa fue el Galeón de Los Conquistadores, que salió en 1991. Aunque se criticó porque representaba la celebración de la conquista española y los trajes de máscaras se apartaban de la forma tradicional porque parecían más conquistadores que máscaras tradicionales,  era un ejemplo de creatividad artesanal. Esta carroza fue preparada con cañones, cabos, mástiles, velamen, aperos de marinería y otros elementos afines, por los maestros de artes industriales de las escuelas de Hatillo. Su maderamen fue torneado a escala por expertos ebanistas. En un ejercicio para estimar el coste de la carroza calculamos el mismo en $25,000.00 ya que el coste que nos dieron de $15,000.00 no incluía la mano de obra, herramientas y el vehículo propulsor.

Las carrozas y los jeeps se confeccionan en secreto. Todos los miembros de la cofradía tienen que aportar dinero y trabajo para su elaboración. Los diseños se escogen durante el año y se empieza por la parte mecánica. El vehículo preferido para hacer una carroza es la guagua de servicio general que conocemos por van o furgoneta. Esta máquina tiene el asiento del conductor al frente, lo que permite mayor visibilidad al chófer. Cuando se usa un automóvil regular, el asiento del conductor queda hacia el centro de la carroza y no hay buena visibilidad si las máscaras se ponen de pie en la parte frontal de la misma. Hay otros tipos de carroza que tienen gran tamaño, las cuales, obviamente, se construyen sobre camiones. Por ejemplo, en 1990 participó en el festival una carroza que vino de un pueblo vecino hecha con un camión del recogido de la caña y con buen sistema de sonido y ruido. Estaba forrada con motivos del cañaveral y las máscaras sobre ella repartían caña dulce a los espectadores. Otras carrozas han hecho lo mismo repartiendo lechón asado y otras cosas.

A las carrozas se les coloca también barras fuertes para que las máscaras se agarren cuando se aceleran o cuando las máscaras tratan de virarlas, meciéndolas con fuerza de lado a lado, o cuando hacen "wheelings". Son varias las historias de máscaras que caen de las carrozas cuando las mismas aceleran y sus compañeros se dan cuenta de que falta una o dos máscaras varios kilómetros adelante.

Todos los preparativos de las carrozas y jeeps tienen que ser probados y verificados con anterioridad al 28 de diciembre. Como las carrozas son vehículos que no tienen matrícula ni cumplen con las exigencias de la Ley de Tránsito de Puerto Rico, la policía las persigue para confiscarlas, sin importarle el dinero invertido por las máscaras. Además, el salir en carroza un número de quince o treinta máscaras no es un acto espontáneo. Requiere planificación y estructuración de las posiciones y responsabilidades de cada máscara sobre la misma. Hay funciones muy especializadas, como cuando se hace un "Wheeling". Se ensaya quiénes se mueven hacia la parte posterior del vehículo para, con su peso, ayudar a levantar el frente, los que se bajan y ayudan a mantener la dirección del vehículo, ya que las ruedas de dirección quedan suspendidas en el aire.

En cada carroza hay un mecánico, un electromecánico y, por supuesto, "una cabeza", que es el líder de la fratría, a quien todos obedecen sin chistar. Esta cabeza asigna las posiciones en la carroza de acuerdo a la experiencia de los corredores en su grupo y es quien determina la agenda del día, qué maldades se harán y, en fin, cuál será el comportamiento de la mojiganga como colectivo. El mismo tipo de organización se hace con los jeeps.

Todo lo anterior se ensaya y se tiene que hacer a escondidas de la policía. Por eso, y desde el mes de octubre, durante los anocheceres de los fines de semana, el que conduce por los caminos solitarios de la ruralía tiene grandes probabilidades de encontrarse con un grupo de gente alegre, probando una carroza o un jeep. Las máscaras piden todos los años que las autoridades asignen días y horas para probar los vehículos sin violar la ley, pero la intolerancia autoritaria del Centro Cultural cree aún que las máscaras son unos desordenados irresponsables, a los que hay que controlar. Mientras no haya la comprensión de lo oficial sobre la cultura popular, seguirá el juego del "gato y el ratón" por las fincas y vaquerías de Hatillo.

He conocido que no importa el nivel socio-económico; hay un orgullo personal y colectivo en presentar lo mejor y en la forma más elaborada y hermosa, las monturas de las máscaras. No importa que sea el caballo, el jeep o la carroza, el orgullo está en los colores, el sonido, el ruido, la silla de montar, la velocidad, el "Wheeling" más alto, el "Wheeling" más largo, las jaeces del caballo, la mayor resistencia, la calidad de la música, los lazos de las crines y el rabo, la perfección en el diseño de la tela, los símbolos en los diseños, los que más comen, los que más beben, los más alegres, etc. No importa el coste; mientras más costoso dentro de las posibilidades del grupo, más dignidad y prestigio. Esto no ha variado desde los escritos de los cronistas o, más aún, desde las actitudes en sociedades primitivas. Es lo comunal, es lo festivo, es el hombre en la búsqueda de su autoestima.

El traje de máscara

En la búsqueda de un trasfondo histórico social vimos cómo el carnaval saturnal llega a nuestra isla y se criolliza. Aunque existen períodos que son pequeñas lagunas en cuanto al registro de las festividades por diferentes escritores, hemos inferido su continuidad durante todo el siglo XX. Ya se me había informado que en Hatillo había máscaras desde la época del embrisque. El diccionario *VOX* define "embriscamiento" como huida, escapada o acto de huir, lo que se ajusta a los hechos relatados por Limón de Arce (1938) y Delgado Plascencia (1998) respecto a la huida de los canarios hacia Arecibo en 1898.

De acuerdo a los folkloristas locales, las máscaras están en el área desde principios del siglo XX. Según me han narrado, entre 1908 y la década de los años 40, hubo una evolución en la forma de las máscaras. Al principio, los hombres se vestían con trajes de mujeres y se pintaban la cara de negro con tizne de los calderos. También usaron caretas de higuera y, más tarde, de cartón.

El traje tradicional que hoy conocemos empezó su evolución después de 1940. Al principio se usaban dos colores básicos: rojo y amarillo. Estos trajes estaban hechos con tela de algodón y no tenían brillo y, por lo general, el pantalón era rojo y la chaqueta amarilla, con un manto pequeño hasta la mitad de la espalda. El pantalón llegaba hasta un poco más abajo de las rodillas y el resto de las piernas se cubría con medias largas. El sombrero es una adaptación de la "pava jíbara" (sombrero tejido con pajilla de ala ancha, usado por los campesinos), que se forraba con papel crepé. No se ha podido precisar cuándo se comenzó el uso de los cascabeles. Antes se usaron caretas de coco, higuera y cartón y fue después de 1950 cuando se empezó a usar la careta metálica y que es considerada como la tradicional.

En la década de los años 50, el traje va cambiando con el uso de la tafeta, cintas y tela de brillo. Se añaden otros colores, entre ellos el verde y el azul como colores tradicionales. Los colores fueron variando y hoy no hay restricción a la imaginación en cuanto a sus combinaciones. Incluso los corredores de máscaras que se mantienen con los colores tradicionales, han incorporado nuevos materiales que han salido al mercado y que permiten un mayor efecto fanérico en los trajes.

Mi hipótesis sobre lo que sucedió en Hatillo con relación a las mascaradas y festividades del Día de los Inocentes cuando sus celebraciones caen y casi se pierden, debe ser buscado en los efectos de la invasión estadounidense a Puerto Rico y la posterior agenda para transcultural la población, apartándola de las manifestaciones culturales hispánicas por ser éstas, según ellos, barbáricas y atrasadas. Pero, a pesar de las consecuencias culturales con el cambio de soberanía, la tradición religiosa popular se mantuvo en las zonas agrícolas-ganaderas. Estas fiestas comienzan a retomarse en la década de los años 40 y 50, para continuar un proceso evolutivo que, afectado por la industrialización y la tecnología, como veremos luego, produjo una festividad diferente.

La forma en que las fiestas son retomadas y la forma en que se diseñan los trajes mantienen vínculos heredados de grupos de inmigrantes españoles, entre ellos los canarios que impulsan esta celebración con los colores de la bandera española. Aunque a principios de siglo se utilizaron elementos indigenistas o, posiblemente, africanos en los trajes, tales como la careta de higuera y de coco, la intención era ocultar el rostro. Después, el cartón era más moldeable, hasta que se llegó a la careta de tela metálica, pre-moldeada al rostro y pintada con rasgos estereotipados del caballero español.

El traje de máscara actual se confecciona con diferentes telas, tales como lamé, cristalé, seda, algodón y tafeta. Sobre una tela que sirve de fondo y da la forma, se colocan cientos de cintas de tela rizadas una al lado de la otra, para crear los diseños. Los menos elaborados llevan los rizos en un patrón que se llama "página de libreta", porque las cintas rizadas quedan un poco separadas. El traje de máscara puede variar en colores y diseños, pero siempre tiene la misma forma.

El traje consiste en un sombrero, un pantalón, una chaqueta con cofia, un manto largo, careta, guantes y zapatillas deportivas ("tennis"), puestos de tal forma que no permitan ver ninguna parte del cuerpo de la máscara. También se carga un bolso pequeño. La chaqueta, el manto y la cofia forman una sola unidad.

El sombrero es una pava forrada con tela y cintas rizadas o fruncidas, al igual que el resto del traje. Actualmente se usan pavas importadas de México, porque las terminaciones de sus bordes permiten forrarlas con mayor facilidad. A éstas se le colocan muchos cascabeles, cintas largas, lazos como una flor o bordes colgantes. Se usa doblada hacia abajo o con un lado cerrado, especialmente las que tienen el lazo en forma de flor.

El pantalón es forrado y cubierto con cientos de rizos de colores y diseños combinados. Algunos le colocan cascabeles y otros no. Este pantalón se hace en un solo tamaño que sirve a todo el grupo. Se ajusta con un cordón de tela, con cremallera o con velcro.

La chaqueta va cubierta de los mismos rizos o cintas fruncidas, con colores y diseños combinados y llena de cascabeles. En la parte del cuello tiene una cofia que la máscara usa para cubrir la parte posterior de la cabeza y sus orejas. Esta chaqueta puede ser de una sola pieza cerrada o tener cremallera, botones o velcro para ajustarse.

El manto es la parte más impresionante del traje y en el que se observan los diseños y símbolos con mayor esplendor. El manto puede estar todo cubierto de cintas fruncidas o rizos que forman sus diseños en colores o tener pinturas al óleo de los motivos e iconos, mayormente religiosos, que representan la cofradía ese día. También he observado mantos hechos en lamé, con rizos solamente en los bordes. El manto, por lo general, lleva cientos de cascabeles.

La careta es de tela metálica, pre-moldeada al rostro, con sus bordes forrados con tela fuerte para evitar cortaduras y pintada con diseños de caballero español. La careta se ajusta con una cinta de elástico en la parte posterior. Ésta se usa tal como es fabricada por el artesano que se especializa en hacerlas, o se forran con telas y rizos al igual que el resto del traje. Esta careta permite a la máscara hablar con mayor facilidad en su característico tono de voz para no ser reconocido. Todas las máscaras hablan con un tono de voz agudo. Si la careta no está forrada, una persona puede ver el rostro de la máscara si se acerca a la misma; por esta razón, muchos jóvenes se pintan líneas negras alrededor de los ojos y usan pintalabios debajo de la careta para despistar al observador. También he visto jóvenes con los rostros pintados de plateado para el mismo propósito. Los guantes son necesarios para cubrir las manos. El color de los guantes es combinado con los colores del traje.

Una apropiación cultural moderna consiste en el uso de zapatillas deportivas como parte fundamental del traje. Este tipo de calzado les permite mayor movilidad, correr (en todo el sentido de la palabra) a mayor velocidad para alcanzar a sus "víctimas" y mantenerse firmes sobre los estribos de los vehículos. Hasta las máscaras a caballo los usan. Son zapatillas con suela de goma y sin amarres; de color blanco para poderse pintar de acuerdo al color del traje.

Como parte de la tradición, las máscaras llevan un bolso hecho de la misma forma que el traje, donde guardan el dinero que les dan en algunas casas o para llevar maldades tales como serpientes de hule, sapos vivos, esposas metálicas y otras. El bolso también lleva cascabeles.

El traje completo de máscaras tiene un peso promedio entre 15 a 20 libras (6,88 a 9,09 kilos), dependiendo de la cantidad de cascabeles que tenga.

El costo promedio del traje regular fluctúa entre $300.00 a $500. Esto no incluye los guantes, la careta y la "pava" (como materia prima), ni los "tennis". El costo del traje varía con el diseño y la calidad de los materiales. Ha habido trajes de $3,000.00, hechos con lamé traído de España para una comparsa de 15 máscaras. Las costureras cobran entre $75.00 a $300.00 por hacer un traje. Una costurera económica y con buen ritmo cobra un promedio de $145.00 por traje.

Las máscaras que tienen poder adquisitivo no usan un traje dos veces. El traje se destruye o se le vende a grupos cuyos miembros no tienen mucho dinero. Sin embargo, he observado máscaras de estos grupos que tienen trajes usados, destruirlos frente a todos al terminar el día de correr, acto que ejecutan con gran orgullo.

Muchas fratrías hacen actividades todo el año para juntar el dinero necesario para correr máscara. Tienen su propia cuenta bancaria y depositan en la misma lo que ganan haciendo actividades para levantar fondos durante el año. Un grupo hacía la compra de los materiales en Nueva York para economizar, i. e., tela por rollos, miles de cascabeles, el hilo, etc. Cada fratría tiene que hacer los estimados de gastos temprano en el año para pedir cotizaciones al comercio, ya que sus compras son grandes, considerando que cada traje lleva sobre 24 yardas de tela (aproximadamente, 21,87 metros). La compra se efectúa a más tardar en junio, ya que las costureras no reciben trabajos que no puedan entregar a tiempo. Pero la realidad es que muchas costureras entregan trajes tan temprano en el año como mayo.

Todas las fratrías piden una cuota inicial a cada uno de sus miembros, que puede ser pagada a plazos si la persona es estudiante o no tiene muchos recursos económicos. Los grupos piden a sus miembros una cuota lo que les da una base monetaria inicial. Una informante me decía que su grupo gastaba un promedio de $5,000.00 en trajes todos los años, sin contar con el jeep que usaban las 10 máscaras del grupo, y en el cual se invertía cerca de $6,000.000 al año. Nos explica que las fratrías, en general hacen actividades para obtener dinero, aportan de sus salarios, e inclusive le piden a sus padres o abuelos el traje de máscara como regalo de Navidad. Decía que se pagaba lo que fuera por el traje de máscaras porque correr máscaras era algo que se llevaba en la sangre. Ella misma decía que por sus venas no corría sangre, sino máscaras.

El cálculo de la tela es muy importante porque, si falta, puede que no quede el mismo color, tonalidad o material en el suministrador. Siempre se compra de más y el sobrante se usa en el jeep o en la carroza. La compra requiere viajes, estudios de colores, de material, la selección de la costurera. En este proceso de preparación se usan ordenadores porque correr máscaras es una actividad muy organizada, estructurada y dura todo el año.

El producto final tiene que ser perfecto. No puede haber tonalidades diferentes de un mismo color en los trajes, ni diferentes tipos de tela de un mismo color; tampoco separaciones entre los rizos o que un rizo esté colocado por el otro lado de la tela. Todo detalle tiene que ir a la perfección para un día de catarsis. No importan la sencillez del traje o de la montura, tiene que estar bien hecho. De no ser así, no sería digno.

En 1992 hubo una comparsa que salió de Mickey Mouse y mandaron a buscar ojos plásticos que se movían solos para el diseño de la cara del ratón en el manto. Los ojos llegaron el 27 de diciembre y las sesenta máscaras del grupo pasaron buena parte de la noche cosiéndolos a los mantos. Pero, dice una informante que las máscaras de Hatillo son cosa de otro mundo.

La costurera

Las costureras de trajes de máscaras tienen talleres caseros con máquinas industriales de costura que se adquirieron, en su mayoría de las fábricas de la industria de la aguja cuando éstas cerraron. Estas máquinas permiten hacer diferentes fases del traje de máscaras con rapidez.

Muchas costureras llevan más de 60 años cosiendo para las máscaras. Las hay en todos los barrios y e inclusive en Arecibo y en Camuy. También han surgido hombres costureros, que según los informantes son magníficos en sus trabajos. Las personas que cosen los trajes opinan en su mayoría que las máscaras son cosa del campo y no del pueblo.

Para los trajes usan tafeta, cristalé, satín de novia y lamé. Dicen que la parte principal del traje, el cuerpo o "fondo" va en tafeta, porque es una tradición. Este fondo lleva 9 yardas (aproximadamente, 8,2 metros) en un traje sencillo y mientras más colores, más tela. Un traje elaborado lleva sobre 30 yardas (aproximadamente, 27,34 metros) de tela. La tela de lamé sale a $14.00 la yarda, lo que quiere decir que el costo de la tela de un traje de ese material será de $420.00, aproximadamente. En el costo del traje no sólo está la tela. Hay otros factores que considerar, de acuerdo a la existencia de los corredores, tales como: uso de broches, de cremalleras o de velcro; lazos, hilo; si el diseño va solamente en el manto o si éste va también en la chaqueta y en los pantalones. Dicen que antes los trajes llevaban diez rizos separados, pero que ahora llevan más de cien juntos. Entre los más pudientes se han hecho trajes de lamé con brocado y que hay quienes los han forrado de lentejuelas.

Cada costurera debe ser muy organizada para tener un buen ritmo. Casi todas las otras costureras, tiene un cuarto para almacenar en secreto el trabajo hecho para varios grupos. Es una especie de voto de secretividad que tienen las costureras con las cofradías que incluye asignarle a cada mojiganga una hora diferente para mostrarles cómo va el trabajo. Las costureras miden a los corredores a ojo y los patrones y diseños que les entregan las mojigangas están hechos mediante dibujos en su mayoría y en cualquier tipo de papel. De ese dibujo, la costurera hace el patrón para todos los miembros de la comparsa. Lo que es impresionante es observar cómo su mente y sus manos guían la puntada hacia lo perfecto, lo equivalente, lo proporcional. Siempre buscan la perfección en el corte y en el diseño o como expresan las más experimentadas, cada una de las costureras de Hatillo da lo mejor de sí misma. De hecho, la infinidad de diseños que he visto por años, aunque hechos en rizos de tela, parecen pintados sobre el manto de los trajes. Así de perfecto es el puntaje.

Ha habido grupos que han dedicado sus trajes y sus carrozas para hacer honor a las costureras.

Otro gasto obligado de la mascarada: el pitorro o ron caña

El ron cañita es la bebida tradicional de la mascarada. Los que sabemos de su elaboración, reconocemos que este ron se puede comparar con el mejor brandy o coñac cuando está bien "curao", aunque sus ingredientes son distintos. Un cañita bien curado con pasas u otras frutas y que haya sido enterrado en un coco y luego puesto en una pipa de madera, es una delicia al paladar.

El ron cañita o pitorro no pertenece a ninguna corporación privada, ni sus productores pagan impuestos al Estado. Es la bebida de la fiesta popular tradicional, es el producto ancestral, es la preparación primitiva del licor embriagante para la fiesta comunal. En todas las sociedades primitivas y también en las modernas, ha habido miembros del grupo cultural especializados en la elaboración de bebidas embriagantes. Entre nuestros aborígenes, el secreto de la preparación de este bien cultural recaía en la mujer.

El pitorro en Puerto Rico es un producto artesanal. Sus elaboradores son perseguidos por el Estado y los alambiques clandestinos destruidos por las fuerzas del Estado. Por esta razón, los grupos de máscaras de Hatillo tratan de comprar la producción de cañita que pueden conseguir y lo almacenan hasta el 28 de diciembre. Esta demanda por tan deliciosa bebida, junto a la escasez por su proscripción, hace que los precios del pitorro sean elevados. En mi trabajo etnográfico, el cañita nunca faltó. En las entrevistas planificadas o en los encuentros espontáneos, un saludo o brindis con cañita estaba "a la orden del día". Desde el más añejado en pipa por recibidores de máscara, hasta el sin curar que a veces tenían los máscaras jóvenes, su degustación producía un puente invisible de comunicación festiva y de amistad. Como me decía un líder de grupo al explicarme que su agenda del día era comerse un buen asopado y salir a correr por la mañana bien temprano para brincar y saltar, echarle "shaving foam" y agua a la gente, beber ron cañita, en fin, para disfrutar y gozar un día bueno, sin problema ninguno.

Casi todas las máscaras, hombres y mujeres, le dan al cañita durante el 28 de diciembre. He visto carrozas con botellas llenas de cañita a la vista y que reparten a sus amigos. La bota con cañita va siempre atada a la silla de los caballos y se ha convertido, prácticamente, en parte del traje para correr máscaras. El ron cañita es la bebida ritual que resalta la communitas y un elemento de resistencia al orden oficial. En Hatillo se violan las leyes del país el 28 de diciembre, empezando por las leyes de tránsito, la ley de bebidas alcohólicas con el cañita, y la ley de explosivos con los petardos. El orden moral entra en otros estadios de convivencia. Como opinan casi todos, sin cañita ni petardos no se puede correr máscaras. Ese día, las contradicciones de nuestro pueblo afloran.

Cada vez que el gobierno anuncia como un gran logro la destrucción de un alambique clandestino, se afecta la mascarada en Hatillo y las fiestas de Navidad para miles de puertorriqueños. Sin embargo, gracias al ingenio popular, los canales «subterráneos» continúan operando para llevar a la festividad el elixir embriagante y, de paso, los petardos para ahuyentar las energías negativas.

Sobre el machismo en la mascarada

En la catarsis del 28 participan hombres y mujeres como máscaras, como recibidores o como espectadores participantes. Muchos hombres se oponen a la participación de la mujer como corredora, aduciendo razones de seguridad física o porque son débiles, fundamentándose en el mito religioso de que solo se remite a hombres o, simplemente, porque la mujer no debe participar, ya que "su lugar es la cocina". Sin embargo, han narrado que han salido comparsas de mujeres solamente y en vehículos tan ingeniosos como «go karts», bicicletas múltiples y en carros antiguos.

Un joven opinaba que las muchachas salen estropeadas con los saludos, porque los muchachos no saben que son mujeres. Otro hatillano apodado Pachi se oponía por el mito religioso y por otras consideraciones culturales. Para justificar su afirmación hizo el siguiente planteamiento mientras conversábamos sobre unas copas de vino:

"Tú mismo sabes lo que tú estás buscando; parte de la historia, de dónde vino y todo eso, ¿verdad? Pues tú sabes que lo más que se conoce (…) era los soldados de Herodes… no enfermeras ni secretarias de Herodes, ni nada de eso.

De verdad: los soldados de Herodes (…) Todas las tradiciones de Puerto Rico son de hombres, por tradición, por herencia (…) Las máscaras salen a joder, a beber, llegan a una casa a brincarse, pues como a una dama, como que no está, no está.

En todo se meten las mujeres, en todo, en todo (…) Como la tradición es de hombres y siempre todas esas tradiciones así de pueblo. Dime una tradición de mujeres: ¿las vejigantas? No hay tradición de mujeres. A menos que el obispo aquel baje con las mujeres. ¿Te acuerdas? … que está en la estatua de San Juan (…) sí, La Rogativa. Que lo hagan todos los años. No hay tradición de mujeres, es la verdad… bueno… hacer pasteles en Navidad".

Otra máscara opina que los encuentros entre máscaras son peligrosos para las mujeres, pero que la mujer siempre ha participado y que él lo aprueba.

Wanda es una mujer que ha corrido desde pequeña, ya que según ella, su papá la sacaba a correr en brazos, decía al respecto que:

"A mí me da cierto caché. La gente siempre se sorprende. Si algún día me caso, le diré a mí esposo: yo te amo, yo te adoro, las máscaras no es cuestión de salir, es algo en mí, es cuestión de mí ser. Yo me podré casar un 28, pero a las 7:00 a.m., porque a las 8:00 a.m. yo me voy a correr.

A través de los años han corrido mujeres (…) ha habido años en que yo he sido la única mujer que ha corrido. Yo me impongo, yo tengo la aprobación de mi padre desde que nací. Así que ningún hombre me lo va a impedir.

Yo le pido a ese Padre Celestial, que está allá arriba, que me dé cien años de vida, y que cien años de mi vida me dé ánimo para correr.

El marido mío, por utilizar esa palabra, el marido mío no me puede prohibir a mí correr máscara. En el campo de los hombres, uno se tiene que imponer. Sucede en el campo del trabajo y de las máscaras".

Añade que se ausenta de su trabajo desde el 27 al 29 de diciembre, para prepararse, correr y recuperarse. De todos modos, si no la excusaran de sus labores en forma oficial, ella no iría a trabajar porque correr "es sagrado".

La esposa de un ganadero que recibe máscaras opina que correr es algo masculino y que es ahora cuando las mujeres se meten. Sin embargo, la líder de una fratría que he visto repleta de mujeres varios años, dice que llevan más de 10 años en esto y que al principio corrieron para ver cómo los hombres las aceptaban y que, desde entonces, nunca han recibido rechazo. Al revés, me dijo que a los hombres les gustaba ver mujeres corriendo máscaras. Me presentó una mujer del grupo que estaba corriendo y tenía seis meses de embarazo y, al enseñarme la barriga, me dijeron: "Es el inocente más pequeño".

En las máscaras se ven muchas mujeres a caballo. De hecho, en Puerto Rico hay gran tradición de amazonas, mujeres expertas en el arte de montar a caballo. Desde los cronistas ha habido una admiración especial por las mujeres jinetes. En Hatillo no es para menos. Con las máscaras femeninas que he conocido y observado, pienso que los tradicionalistas machistas la tienen muy difícil. En Hatillo las mujeres no le pidieron permiso a nadie para correr máscaras.

CAPÍTULO VI

Rituales de la mascarada en el Potlatch

Los hatillanos se entregan a las manifestaciones colectivas del 28 de diciembre con mucha naturalidad y con la sencillez racional que le da el mito religioso. Entre las acciones manifiestas hemos podido identificar patrones de conducta repetitivos, que son rituales de los que corren máscaras ese día y que reafirman las posiciones de prestigio entre los que las reciben. Estos rituales sirven para fortalecer la relación social entre los habitantes, especialmente de los jóvenes, dándoles un sentido de pertenencia a su grupo comunal.

Las personas que han escrito sobre las máscaras de Hatillo nunca han hecho mención de rituales, solamente describen lo que observan, sin estudiar sus significados y/o cosmogonía. He encontrado en mis estudios de la cultura popular -no sólo en las máscaras, sino en otras manifestaciones- que los folkloristas (se hacen llamar así) describen lo que observan en forma, supuestamente, objetiva. Piensan que sus perspectivas interpretativas son objetivas, pero no se plantean que sus descripciones del evento están elaboradas en el marco referencial de sus propios conocimientos, su uso del lenguaje, juicios y prejuicios y presupuestos de sus modas intelectuales. Hay un acercamiento al objeto desde una óptica *etic* y no trabajan con la perspectiva *emic* para llegar a las verdades del otro, según el otro y no según ellos. De estas actitudes y enfoques desenfocados surge toda la reproducción de errores, juicios a priori y falta de comprensión de la cultura popular. Por lo tanto, no pueden captar los rituales dentro del gran ritual. Tampoco ven el orden dentro del aparente caos. Generalmente se piensa que lo que no podemos entender es caótico y, por antonomasia, sin importancia. La voz «caos» la usamos como figura de lo que el espectador observa en las acciones manifiestas y que dan la impresión de desorden y confusión (acciones espontáneas sin ninguna finalidad) por parte de las máscaras y residentes del área. Pero en la búsqueda de lo subyacente en la cultura he encontrado que lo que aparenta ser una gran fiesta, con mucho desorden, alegría y aparente caos, es una actividad muy estructurada y llena de códigos sociales para mantener la cohesión comunitaria. Solamente la etnografía constante, intensa, es la que nos revela las pistas, los puntos de engranaje de las estructuraciones significantes para "armar el rompecabezas" de esa realidad que se presenta confusa.

En mis escritos de antropología visual (Santiago 2000) he planteado que del discurso de los actores que, sin conocerse y separados por el espacio y el tiempo, surgen los enlaces para determinar que es igual para todos, lo que se repite, aun en las diferencias de sus acciones manifiestas. En este esfuerzo de conocer lo que es igual, lo que es un significado común, la antropología visual, es primordial. La imagen en la etnografía sirve para ratificar el discurso y el discurso explica la imagen. Entre ambos se establecen los límites reales de nuestra interpretación. La imagen plasma los códigos recurrentes, lo que es ritual y nos permite adentrarnos en sus registros para conocer sus verdades. Y aunque la interpretación es a través del mundo del antropólogo, la imagen es un medio objetivo del mundo del otro que acota dicha interpretación

En Hatillo hay varios rituales, algunos los he mencionado o expuesto en forma implícita. Son actos incomprensibles o de puro desorden que para los representantes de la cultura dominante, hay que controlar.

Ritual de inversión

El primer ritual es el de inversión. Éste es el más común de toda fiesta de carnaval y de fiestas o costumbres establecidas en nuestra sociedad como, por ejemplo, la inversión de género el 29 de febrero, fecha en que las mujeres pueden tomar la iniciativa para conquistar el amor de un hombre, facultad reservada como normal y apropiada para el varón en nuestra sociedad patriarcal; o la fiesta que invierte lo más humilde e inocente de la sociedad sobre el poder de la oficialidad eclesiástica y civil, que es El Obispillo o los Santos Inocentes.

Decía Manuel Alonso en su libro *El gíbaro*, publicado en 1849, que las fiestas populares como las Carreras de San Juan y las Carreras de San Pedro debían ser estimuladas y protegidas porque eran beneficiosas para el país, inclusive para la economía de la comunidad. Pero Alonso apreciaba más la forma en que estas fiestas igualaban al poderoso con el humilde y la autoridad oficial con la "autoridad" del pueblo. En estos días todos son iguales. Pensaba el autor que esta inversión de roles sociales abre una válvula de escape para las tensiones sociales generadas por la desigualdad socio-económica. La lectura matinal del *Bando de San Pedro* era el rito que proclamaba a "soto voce" la inversión del orden social en forma reglamentada por el pueblo. Decía Alonso sobre tipo de fiesta popular:

> Hay ciertos días, en los cuales las poblaciones más pacíficas, las ciudades más bien gobernadas, ricas e industriosas y las aldeas más pobres, parece que, obedeciendo a un instinto particular, se complacen en salir de las reglas que guardan durante todo el año; días de bullicio y confusión que cada país, y aun cada pueblo, tiene según su índole y el grado de civilización en que se encuentra; días en que el magistrado no es magistrado, porque no ejerce sus funciones, en que el mercader cierra su tienda y el artesano su taller, días fecundos en aventuras amorosas y en que las bellezas más altivas suelen sonreír al que han hecho suspirar por mucho tiempo, días de esperanza para los jóvenes y de recuerdos para los ancianos; días, finalmente, en que las mayores extravagancias son admitidas, con tal que vayan autorizadas con el sello de la costumbre. (p. 21).

El día 28 los roles de posición social se invierten en Hatillo cuando el más rico rinde pleitesía al más pobre al recibir las máscaras. Ser máscara es una condición de igualdad, según hemos podido apreciar en la composición de las fratrías. Estos grupos son heterogéneos en cuanto a profesiones, edades y sexo. La forma de organizarse depende de factores tan variados como son las relaciones interpersonales en los centros de trabajo, entre vecinos, entre estudiantes, entre familiares y entre los que rinden algún servicio especializado y necesario para el grupo. Las máscaras llegan a los lugares donde son recibidos por familias que deciden halagarlos y se les obsequia con comida, bebida y música, siendo un honor para el anfitrión homenajearlos. Ese día, el ordeñador de vacas es igual que el ganadero, el desempleado y el estudiante honran al propietario y al comerciante al visitarlos.

La festividad del 28 de diciembre tiene en su esencia otros ritos que forman como una especie de liturgia popular que rige el comportamiento de máscaras, recibidores de máscaras y población en general. A continuación exploraremos algunos de ellos.

El desayuno

El desayuno marca el inicio de correr máscara. Es el momento solemne, aunque festivo y bullanguero, para que las máscaras unan sus voluntades para la hermandad y el éxito de la mascarada. Desayunar con un suculento "asopao" es una ceremonia que les dará las energías para correr y es preparado, generalmente, por los familiares. También ofrece la oportunidad a los familiares y amigos de reunirse, compartir, ver los trajes y las monturas pero, más que nada, es el momento en que la tradición pasa de una generación a otra.

Para las máscaras, el asopado de desayuno, es para fortalecer el estómago y seguir bebiendo todo el día. Dicen que lo hacen para coger fuerzas y no empezar a beber con el estómago vacío. Al mediodía llegan a un hogar pre-acordado con los familiares de uno de los miembros del grupo, donde les sirven otra comida fuerte.

El desayuno es acordado de antemano. Por lo general, se ofrecerá en la casa de uno de los corredores del grupo y, especialmente, en la casa de los nuevos corredores de la comparsa, de haber alguno. La cita casi siempre es entre 6:00 a.m. a 7:00 p.m., pues la mayoría de los líderes quieren comenzar su agenda lo más temprano posible.

Todas las fratrías, amigos y familiares hacen una fiesta o un encuentro festivo la noche anterior en la que se ostentan las monturas (carrozas o jeeps) y su poder de hacer ruido y música. Esta fiesta comienza el 27 por la tarde y se termina cerca de las 11:00 p.m. para irse a descansar, pero muchos se quedan trabajando en las carrozas o jeeps y se amanecen. Quiere decir que desde el 27 por la tarde la comida y las bebidas abundan en el lugar de reunión de la comparsa. Toda la región de la ruralía se enciende en fiestas particulares esa noche. Es el preámbulo para el día de las máscaras.

Al momento del desayuno, cuando se presentan todos, es cuando en forma litúrgica se visten unos a otros, se pintan unos a otros, se coloca el manto como debe ser, el sombrero, la careta; se le enseña bien a los nuevos corredores. En este momento han llegado los padres de los más jóvenes, especialmente de los que por primera vez van a correr, se toman fotos, vídeos y se brinda todos los que pueden con ron cañita.

En ese momento se dan las instrucciones finales y se forma un círculo de máscaras para la oración. En 1996 estuve presente en la oración de «Los Inocentes», dirigida por un sacerdote de la parrorquia de Hatillo que, entre otras cosas, dijo: *"No es un canto a la muerte, sino un canto a la vida, la mejor época de un ser humano es la juventud. Ustedes hacen la historia dorada de Hatillo"*. Pidió que fuesen obedientes a la *"cabeza de la carroza; él es el guía"*. Luego bendijo la carroza y bendijo el esfuerzo, proclamando que las máscaras eran *"el nombre de Puerto Rico y la juventud"*. Todos al unísono oraron el "Padre Nuestro" y, al terminar, el sacerdote gritó: *"¡Que vivan Los Inocentes!"*. Entonces sonaron petardos por todo el lugar. De ahí, el padre salió raudo para bendecir otras carrozas. Cuando no hay un sacerdote, el líder del grupo es el que dirige la oración para que las máscaras de Hatillo sea un día de compartir y de comunidad con nuestros familiares y amigos.

Esa es la escena, con sacerdote o no, en los hogares de donde salen las mojigangas. Como ellos dicen: *"el desayuno es tradición"*.

La agenda

Después de finalizado el desayuno, las mojigangas salen a correr a gran velocidad, con todos los sistemas de sonido y ruido a todo volumen: música típica, sirenas, motores con "headers", trompetas de aire comprimido, todo sonando a la misma vez. Arrancan con un "wheeling" de sus monturas y se detienen en las casas, entran, asaltan a los que están en ellas, los despeinan, les echan "foam", salen corriendo a sus monturas de nuevo, van a otra casa y repiten las mismas acciones y maldades. Y así todo el día por las carreteras, campos y comunidades, cruzándose las mojigangas de un lado a otro con la música y el ruido, tratando de virar sus propias carrozas y jeeps en lo que aparenta ser una "correría de locos" que no saben para dónde van o qué van a hacer. Todo se convierte en un frenesí y en una catarsis de miles de personas.

Sin embargo, eso que aparenta ser un caos, una locura, tiene su razón de ser: hay una agenda. Cada grupo ha planificado, de acuerdo a la geografía del lugar, la ruta que van a seguir para visitar a todas las personas que quieren saludar, molestar, enseñarles su traje, dónde quieren comer y beber y cualquier otro asunto que hayan pensado para ese día, pero ningún grupo depende del otro. La agenda es privativa de la comparsa, los que se cruzan y encuentran es por casualidad. Mientras más grande el grupo, mayor será el número de lugares que visitarán. Solo tienen un día para hacerlo en esa forma y si, además de eso, van a bajar a la plaza del pueblo, entonces la velocidad es importante. Solamente bajan al festival cuando han cumplido sus visitas y saludos. También hay muchas que no bajan, porque no les interesa. En otras palabras, la agenda es parte de la costumbre en la zona agrícola-ganadera. Incluir en su agenda ir a la plaza del pueblo es algo extraordinario.

Un líder de mojiganga me explicó su agenda así durante una conversación personal:

> *"Vamos a la casa del amigo, en sitios mayormente que por lo menos una de las personas conoce. Esa es la tradición (…) hay casas que de por vida reciben a las máscaras. (…) más o menos a las ocho de la mañana ya nosotros estamos en pie para salir. Desde la seis de la mañana hay los traguitos, la bebelata, los vacilones y el asopao. Después de visitar las casas de los familiares de los miembros, vamos a visitar amistades y otros familiares; y a los sitios que reciben máscaras. Tratamos de evitar las pistolas de agua y el "foam" y solo les echamos cañita por encima. Si lo conocemos, si somos amigos, nos revolcamos, entonces es a brincar y a darnos contra el piso".*

La agenda es parte importante del potlatch. En esta agenda se repiten los ritos de la mascarada y, por ende, del potlatch. Se visitan amigos y familiares para ostentar los trajes y los caballos, las carrozas y los jeeps. Se fortalece la amistad a base de una violencia regeneradora que, a su vez, expele del sistema emocional (proceso de catarsis) los conflictos interpersonales. A través de las maldades, los saludos de máscaras y su manifestación violenta, se perdonan y comparten.

Como he dicho, la agenda de un grupo es independiente de los otros. Los puntos de convergencia de máscaras son los cruces de las carreteras en la ruralía o en las casas de los ganaderos que reciben en grande a todos. Mientras se visitan las casas de familiares y amigos que, dentro de sus capacidades económicas, tratarán de agasajarlos y ganar prestigio. Por esta razón, para el desconocedor todo parece un caos, pues las máscaras corren en todas direcciones. Aquí no hay desfiles controlados y tranquilos. Aquí se vive la vida según cada cual la interpreta.

Muchos grupos, antes de visitar a los vivos, visitan a sus muertos y para esas comparsas el primer lugar a visitar es el cementerio, pero es lo expondré en otra sección sobre lo sagrado, la vida y la muerte en el potlatch.

Las maldades

Parte de la agenda es hacer maldades. A través de los años se han producido quejas entre los hatillanos debido a excesos de las máscaras, que han creado conflictos personales, destrucción de la propiedad, humillación de personas, especialmente de féminas y daño físico. Para contrarrestar estos actos que son negativos a la intención de la mascarada como manifestación de alegría comunal, se ha desarrollado un código de ética no escrito entre las cofradías que controla las acciones ofensivas. Los líderes de grupos son muy celosos en cuanto al cumplimiento de estas reglas y se han dado casos de abandonar a máscaras en las carreteras por su mal comportamiento, de despojarlos de sus trajes frente a todos, de darles una «salsa» (tunda, paliza, zurra; en este caso, nada de amistosa) entre todos. Entre los controles que han asumido están: no asustar a los niños, respetar el luto familiar, respetar los hogares donde hay enfermos, respetar a la mujer, no robar en los hogares, no destruir los hogares, respetar a los ancianos y respetar a los visitantes que no conocen.

Algunos piensan que las maldades de ahora son peores que las de otros tiempos. Por ejemplo, un pintor hatillano, Norberto Ruiz, maestro y pintor hatillano me narró en una conversación personal lo que debe ser una maldad sana:

> *"Nosotros cogimos un primo, vamos pasando por su casa, vemos la casa cerrada. La esposa nos abre y nos hace la señal de que está en el cuarto, que entráramos. Éramos un grupo de nueve máscaras. Nos bajamos cuatro y los otros cinco se mantienen en la carroza y tocan la sirena y como que se van poco a poco, pero nos quedamos*

cuatro en el balcón. Comenzamos a caminar en silencio; bien difícil, porque el cascabel te delata rápido. Entramos hacia la sala y la señora nos dice: "Mira, en el pasillo. ¡Cójanlo que está allí escondido!".

"Entonces sentimos una puerta que se va a cerrar y le hemos dado los cuatro. ¡Pum! y esa puerta se abre. El pariente está como Dios lo trajo al mundo. Se tira a la cama, se envuelve en una sábana; le caemos todos encima, haciéndole cosquillas y molestándolo. Y él, quitándose las manos de encima, soltó la sábana (…) Yo me percato de eso, me voy a la parte final, a la punta de los pies y cojo la sábana y me la enrollo bien en las manos; y me he tirado para atrás con todas las mías… ¡aquello fue de película!, porque me fui con todo. Se fue el matress [colchón], se fue el primo y todas las máscaras se fueron al piso. Y tú ver ese hombre desnudo y todo el mundo encima a nalgadas. Y él insultándonos (…) se volvió loco. Y la esposa se iba a morir de la risa al ver el marido tirado en el piso. Esto fue de nuestro primer lugar, primer premio. Para qué venir al pueblo a buscar un trofeo si eso fue un trofeo para nosotros."

He sido testigo de un gran número de maldades facilitadas por el anonimato y por la secretividad de las fratrías. Por ejemplo, en una ocasión en el cruce de Lechuga, una comparsa de más de diez máscaras saltaron sobre una guagua "station wagon", en la que había una pareja. Sacaron de la misma al hombre y le quitaron los pantalones, dejándolo en calzoncillos en medio del tapón (atasco) y de un gran gentío. A la mujer, que fue sacada a la fuerza también, la llevaron contra una pared y la agarraron fuertemente dos máscaras, mientras una tercera empezó a acariciarla y, quitándose la careta pero sin que ella le viera el rostro, comenzó a besarla por el cuello; ella trataba de patearlo, pero se lo impedían las otras máscaras. De pronto, el "atacante" la miró a la cara y se echaron a reír. Era su esposo. El joven que conducía era el hermano de ella o su cuñado.

En otra ocasión observé cómo unas máscaras con pailas, llenaban de agua el interior de un Volkswagen de un amigo del grupo, que no se podía mover del lugar por el tapón que se forma en el cruce de Lechuga. Cuando el conductor vio la vía franca y quiso arrancar no pudo, porque le quitaron los cables de la ignición. Las máscaras siguieron echándole agua hasta que se cansaron y le pusieron los cables, para que se fuera contento.

Otros grupos llevan reptiles, o insectos de hules que arrojan sobre las chicas. También se ha popularizado el uso de esposas metálicas de tipo policía para raptar amigos y "engancharlos" a las carrozas y jeeps cuando éstos van a salir a trabajar o a alguna otra cosa que no sea correr máscaras. También es muy común el uso de pistolas de agua de gran presión, las que llenan de ron, agua, o agua con tinta.

Pero la maldad más popular es echar «foam» de afeitar a todo el que conocen, especialmente a las chicas.

Las maldades llevan su prestigio y son uno de los motivos de risa en la fiesta de evaluación que hace cada comparsa el 29 de diciembre, en la cual se bebe, se recuerda todo lo que hicieron el 28 para comenzar con los planes del próximo 28 de diciembre y se come de nuevo.

El ritual de iniciación

Las maldades pueden dar la impresión de ser actos de inmadurez y que no reflejan aspectos sociales de mayor trascendencia. Pero en Hatillo hay maldades que son un medio para el ritual de iniciación y el cortejo. Hacer maldades es uno de los ritos del día; sin embargo, hay maldades que comunican intereses amorosos entre jóvenes.

El ritual de iniciación comienza cuando el joven se viste por primera vez con su traje de máscara y que es miembro con voz y voto de la fratría. Los niños son vestidos con los trajes de máscara y corren con sus padres, pero no es hasta la adolescencia que son parte de una mojiganga y todo lo que eso conlleva en la mente del corredor. Me decía un líder de grupo en una visita a su hogar:

"No hay nada como cuando llega ese día. La primera vez que tú te juntas con el grupo, que te pones tu traje, y tú ves a todos con sus trajes (…) y tú te pones la careta y sabes que no te conoce nadie

(…) y alegre, porque hay que estar alegre (…), esa música de fondo
(…) música, música jíbara. Es una experiencia única, eso es único.
Cuando hay un año que no se sale, se le forma un taco a uno. Lo
que tú gozas con tu grupo; vale la pena lo que se invierte. Como se
lleva en la sangre de generación en generación, no hay nada que se
compare."

Este es el cuadro en muchos hogares temprano en la mañana: jóvenes saliendo a correr por primera vez, siendo despedidos por sus padres y abuelos, que recuerdan con cariño cuando ellos se convirtieron en máscaras.

La mamá de un joven que se inició a los 15 años solo pensaba en esa transformación del niño a hombre. No sobraban sus consejos de *"ten cuidado, come bien, no bebas mucho, agárrate fuerte".* El hijo, ya de 19 años, me dijo: *"no me importa morir joven si muero vestido de máscara. Lo más grande que uno puede desear es morir como máscara".*

En este proceso de iniciación, las maldades de brincarse encima, los saludos de máscara, la violencia y el emborracharse juntos se convierten en pruebas de verdadera amistad. Siguen la misma finalidad que las vejaciones a que son sometidos los neófitos en fraternidades colegiales o en otros centros de enseñanza. También se aprende a no preocuparse por cosas materiales, no importa su costo, ya que hay otras riquezas no mesurables en la mascarada.

El rapto de chicas

Las maldades sirven también para enamorarse o para el rito de cortejo. El joven máscara es hombre, tiene un traje hermoso lleno de colores, es valiente ante el peligro, bebe y jode; ya puede enamorar. Durante el 28 buscará a sus amigas o a la chica que le gusta y la raptará por unos instantes, a la fuerza y ante todos, la llevará al grupo, la despeinará, la besará, le echará "foam", ron cañita y agua (proceso de impregnar). Todo esto está permitido ese día entre los que se conocen. Las muchachas no esperan menos.

Estando en un cruce de las Parcelas Roberto Clemente, mi compañera y yo entrevistamos a cinco muchachas adolescentes que había sido "violentamente asaltadas", raptadas momentáneamente e "impregnadas" por máscaras:

Pregunta: ¿Qué más te hicieron?

Chica #1 – *"Me echaron ron, Barbasol* [marca comercial de un "foam"], *me cargaron (…) son mis amigos, mis mejores amigos".*

Pregunta: Permites las bromas porque son tus amigos, pero ¿si son desconocidos?

Chica #2 – *"No, no lo hacen, no lo hacen".*

Pregunta: Ustedes saben que les van a hacer maldades y ¿por eso salen a esperarlos?

Chica #3 – *"¡Claro!"*

Pregunta: Y, ¿por qué a ti no te han hecho maldades?

Chica #4 – *"No me ha visto casi nadie".*

Pregunta: Y, ¿hasta cuándo dura esto?

– *"¡Hasta el amanecer!"* (Esta chica estaba bañada en "foam" y había sido raptada varias veces):

Chica #5 – *"¡Este es el día más feliz del año!"*

Los residentes de los barrios se colocan en las orillas de los caminos y carreteras para ver pasar las comparsas y para ser "víctimas" de sus maldades. En muchas casas se preparan lugares privilegiados con sillas y con techo para protegerse del sol o de la lluvia.

Las chicas se colocan a las orillas de las carreteras, maquilladas y hermosas, para que las asalten y les hagan maldades. Una vez observé a una chica en el cruce de Lechuga que con su mirada escudriñaba con ansiedad el pandemónium de máscaras entre ruidos, música, colores y saludos. A medida que pasaron cerca de dos horas, sus ojos se humedecieron porque nadie le había hecho nada. No fue hasta cerca de las 2:00 p.m. que cayeron sobre ella varias máscaras, la llenaron de "foam", le echaron ron y agua por pailas. Después, un chico máscara se quedó a su lado y ella estaba feliz.

Dugas (1971) reconoció el ritual de iniciación, pero lo interpretó de acuerdo al mito religioso y pensó que los jóvenes se iniciaban como guerreros. De todos modos, pudo concluir que era un paso entre la adolescencia y el ser hombre. En cuanto al ritual de cortejo, su observación fue muy acertada. Dice al respecto:

> Le jour de "masques" permet aux jeunes hommes de démontrer leur intérêt tout neuf pour les choses de l'amour. A ce titre on peut sans doute dire que cette journée prend une valeur initiatique. C'est l'occasion rêvée de recontrer la copine (ou le copain) de l'année. On voit le long des chemis, aux carrefours et devant les maisons qui offrent des victuailles, des groupes de jeunes filles visiblement habillées et maquillées pour l'occasion. Les yeux rivés sur le bout de la route, dans l'attente du prochain char, elles espèrent que les jeunes hommes qu'elles attendent se rueront sur elles, leur témoignant ainsi un intérêt qu'il fraudra faire fructifer dès le lendemain. Pour les jeunes garçons et filles d'Hatillo, c'est l'occasion unique dans l'année où l'on peut se faire la cour -un peu violemment certes- sans vergogne. Alors, quand un "régiment" entier de quatre ou cinq chars s'arrête devant une trentaine de filles sagement assises, on imagine assez le chahut!. (p. 30)

Los raptos de chicas son el elemento de la manifestación que saca lo más primigenio del hombre en su forma de enamorar y cortejar. Las chicas que le gustan a los jóvenes máscaras son impregnadas por éste con "foam", raptadas hacia la carroza o los jeeps, montadas en los caballos, derribadas al suelo, besadas y acariciadas en el suelo, atadas a las carrozas, en actos que, a simple vista, le parecen violaciones sexuales al desconocedor-visitante que piensa que son "salvajadas". Y tienen razón, lo son, porque es el estado natural, el mundo agrícola, lo que el hombre observa entre sus caballos, su ganado, con sus gallos y gallinas, sus conejos y otros tantos animales que cuida. Salvaje es un nombre que usó el etnocentrismo de la cosmovisión dominante de los europeos para referirse a las sociedades indígenas agrícolas, porque no entendía nada de lo que observaba pero, lo que es peor, no intentó comprenderlo.

Estos raptos de chicas se dan entre los jóvenes. Los adultos casados no lo hacen y, de hacerlo, es con su pareja en un juego regenerador de la energía sexual entre ellos, como he observado en actos que catalogan de maldades. Las mujeres que corren no hacen estos raptos, pero sí me han dicho que, desde el anonimato que les ofrece la careta, les cogen el culo a los varones.

Pero no todo es sin conflicto. Aunque las chicas esperan ser raptadas por máscaras que conocen, que son de sus círculos de amistades, hay alguno que otro que, dentro de su borrachera, les haga sentirse ofendidas o que use la fuerza física para tocarle sus órganos sexuales o que las lastime al derribarlas al suelo. El rapto consiste en agarrarlas y secuestrarlas por un rato o por varias horas, impregnarlas con "foam" (preferiblemente) y tratar de besarlas. Ese es el juego, el ritual simbólico de cortejo; más allá de eso, es ofensivo. He visto máscaras besando chicas sobre las carrozas hasta en la plaza del pueblo, pero una noche vi cuando una chica aceptó subirse a un jeep de una comparsa y dos máscaras empezaron a tocarla entre las piernas por la fuerza, mientras ella luchaba para evitarlo. Cuando se pudo zafar de los dos jóvenes, les gritó: *"Maricones, hijos de puta"*, visiblemente ofendida.

En una mascarada mientras yo filmaba, mi compañera entrevistó a unas chicas que habían venido de otro pueblo y que eran amigas de una hatillana que les servía de anfitriona. Todas tenían "foam" en el pelo:

- *"Hola, mucho gusto, mi nombre es Dalisa"*, dice mirando la cámara.

- *"Es de Aguada, perdónala"*, replica otra.

Pregunta: ¿Son de Hatillo?

- *"Yo soy de Hatillo"*, dice una.

- *"Soy de Bayamón"*, contesta otra.

- *"Ella es de Hatillo"*, dice una señalando a la anfitriona.

- *"Puerto Rico, de pura cepa"*, afirma la Hatillana.

- *"Boricua"*, la corrige otra.

Pregunta: ¿Y cuando les echan "foam", les molesta?

- *"No, eso es tradición. Para eso estamos aquí. Cuando echan Maple Syrup, ahí sí, ¿sabe por qué? ...*

- *"No me molesta, porque eso es tradición,* -interrumpe la hatillana-, *llevo 18 años viviendo aquí."*

Pregunta: ¿Ustedes se paran a esperar que pasen [las máscaras] para eso?

- *"Mira lo que acaban de hacerme"*, dice una de ellas mostrando todo el "foam" que le habían echado.

Pregunta: ¿Te da coraje?

- *No, es lo más bueno, ¿verdad?*, preguntándole a todas y todas asintieron: *"Sí"*.

Saludos de máscaras

Otro ritual muy importante son los saludos entre las máscaras. Es parte de la catarsis y la communitas. Estos encuentros ya los he descrito en secciones anteriores. En los mismos se van destruyendo los trajes, o se ensucian, cosa que no debe importarle a la máscara. Son encuentros donde, a veces, hay golpes serios; he visto máscaras salir de los saludos sangrando.

Los saludos se suceden unos a otros, en forma múltiple, en cada lugar donde convergen, con una velocidad y espontaneidad que no permite ver su estructura, posiblemente liturgia. También surgen entre miembros de una misma mojiganga o con amigos espectadores. Esta es una de las situaciones donde la imagen nos permite establecer asociaciones entre saludos o repasar los mismos disminuyendo el movimiento. Además, nos permite comparar saludos en diferentes puntos espaciales y entre años.

Los saludos comienzan en una misma forma, como si hubiese una ley sobre la forma de hacerlo. Las máscaras se encuentran, casi siempre con sus cabezas como si fuesen a cornearse unos a otros, como si fuesen toritos jugando a los cornazos en la finca; se agarran y comienzan a dar vueltas abrazándose y tratando de derribarse al suelo. Una vez en el suelo se despeinan, echan "foam" y se tratan de controlar por la fuerza el uno al otro. Es algo común, que si hay máscaras amigos alrededor, éstos le brinquen encima a los que iniciaron el saludo. Después del saludo, al levantarse del suelo se abrazan riéndose en un gesto de hermandad. También se forman círculos de máscaras agarrados unos a otros y bailan o saltan alrededor de dos que se estén saludando o que hayan saludado. Son reglas, procedimientos, liturgia no escrita que todos siguen aunque las agendas sean individuales. Es un reconocimiento de comunidad.

Los saludos de máscaras son la destrucción de lo vivido, la muerte de lo pasado y la renovación, regeneración de la vida en comunidad y armonía. El saludo es el triunfo -violento- sobre la crisis existencial que produce la desigualdad. En una cultura de competencia, el saludo, con su carga de catarsis y juego -energía burlona de los paradigmas de supuesto orden y civilización- renace la relación entre iguales para compartir sin distinciones. Es una firma en verbo o un verbo firmante, del amor fraternal-comunitario. El saludo entre máscaras es negación y afirmación: se entierra lo viejo para renacer.

La música del 28 de diciembre

Incluyo la música como parte del ritual porque es muy significativa para los hatillanos y se dedican muchos recursos económicos para reproducirla ese día con mucho volumen y buena calidad de sonido. La música tradicional para correr máscaras es una: la música jíbara o la música del campo; música típica de Puerto Rico o de la montaña. Para las máscaras ésta es la música puertorriqueña. El intérprete favorito de la música jíbara durante los años de este estudio etnográfico era Nito Méndez, a quien las máscaras llamaron "el ídolo".

La música que escuchan las máscaras ese día refleja mucho de su cosmovisión sobre el ser puertorriqueño. Para ellos, ser puertorriqueño es amar la tierra, la agricultura, las vacas. Es la visión del jíbaro cantando con el cuatro, la guitarra y el güiro y todo aquello que mantenga vivo en el espíritu del hombre ese apego a la tierra y sus productos. En resumen, es la música de agricultores-ganaderos, del que siembra y cosecha, del que preña la tierra; es la música que se escucha en la radio entre 4:00 y 6:00 a.m., cuando el hombre agricultor recibe el alba con café puya y un sorbito de cañita junto a sus bestias; es, también, la música que alegra la Navidad.

Cuando preguntaba a los jóvenes sobre la música preferida de las máscaras la contestación siempre era: *"Nito Méndez, música jíbara"*. Una comparsa entrevistada tenía en la carroza dos ecualizadores gráficos, un radio súper "peposo", dos bocinas de 15 pulgadas (37,5 cm.) cada una, dos bocinas de 8 pulgadas (20 cm.) cada una, seis bocinas de 6 pulgadas (15 cm.) cada una, dos plantas eléctricas, dos altavoces, un amplificador "peposo" y otras cosas, solamente para escuchar a Nito Méndez.

Cuando le pregunté a un grupo que preparaba un jeep sobre la música del día, todos contestaron a coro: *"Al ídolo, al ídolo, Nito Méndez"*.

En una ocasión, durante los años que corrí máscaras; dos meses antes de diciembre, mi compañera y yo fuimos por la noche al barrio Pajuil porque nos habían informado que Nito Méndez iba a cantar en ese sector. Conducimos por una carretera oscura y angosta, entre fincas de vacas y llegamos a un lugar donde el camino estaba bloqueado con un tránsito lento, debido a la gran cantidad de jeeps y gente parada en el pavimento afuera de un local identificado como "country club". Le pregunté a un joven en la carretera sobre Nito y me contestó emocionado: *"¡Ahí adentro"!* En la carretera había varios grupos bebiendo, gritando, jugando, retándose, ostentando sus jeeps, haciendo "wheelings", sonando las sirenas y bocinas de aire... definitivamente eran máscaras.

Al entrar al local encontramos varios grupos se identificaban y se diferenciaban unos de otros por sus camisetas. Cada grupo tenía su camiseta exclusiva con el nombre de la mojiganga y con diseños iguales a los que llevarían en el manto el 28 de diciembre. Las camisetas las llevaban las máscaras, sus novias, esposas e hijos. Eran como diferentes clanes celebrando lo que estaba por venir. De hecho, la actividad se llamaba "Adelanto Navideño" y estábamos a principios de octubre.

Nito Méndez cantaba mientras todos cantaban con él y gritaban como vaqueros arreando ganado: varones y hembras. Los grupos no intervenían unos con otros, era como si cada mojiganga con sus seguidores y familiares estuviesen solos con Nito Méndez. Los varones y las hembras gritaban y pitaban fuerte todo el tiempo diciendo: *"Ponle Nito"*, *"Qué bestia"*, *"Qué monstruo"*, *"Fuego"*. Mi compañera anotó: *"Pitan al estilo mexicano o vaqueros borrachos"*. Yo le comenté: *"Bueno, es que son vaqueros"*.

Un joven me explicó que su música gustaba porque era un estilo navideño, hablaba de problemas personales e incluía temas religiosos, jocosos de amor y desamor.

Hoy día la música ha variado mucho porque los corredores que desarrollaron la tradición han envejecido y en la medida que nuevos jóvenes que no tienen valores de la tierra y del quehacer agrícola usan la música de su preferencia generacional.

CAPÍTULO VII

Máscaras de Hatillo:
Potlatch Puertorriqueño

En la introducción a este trabajo, establecí los criterios básicos para definir un evento como potlatch. Estos factores enumerados tienen que estar presentes en una actividad comunal o de un grupo cultural, aunque la preponderancia de uno u otro sea variada. A través de la etnografía y el uso de la imagen he determinado que entre las acciones manifiestas de los hatillanos durante el evento del 28 de diciembre se identifican elementos suficientes para configurar el potlatch.

En Hatillo, el potlatch no se da en una sociedad aislada del contexto de la cultura occidental o en un estadio de atraso tecnológico; al contrario, aunque es en un área ganadera, está imbricado en un alto desarrollo industrial y capitalista con todo el avance de los ordenadores, el ciberespacio y la más avanzada metodología de ordeño y crianza de ganado. Las máscaras tienen los más sofisticados equipos computarizados de comunicaciones, están en las redes sociales, juegan en el ciberespacio, muchos son universitarios, el nivel educativo general es alto; hay buenas carreteras y autopistas; buenos centros sanitarios y modernas superficies comerciales con salas de cine que exhiben los estrenos fílmicos al unísono con EE. UU. Entonces, ¿qué se da, qué se comparte? O, como se ha expresado en la literatura antropológica: ¿cuál es el don?

Este es uno de los elementos que han sido un enigma para el pensamiento dicotomizante, pues el don es lo que integra al grupo cultural, lo comunica, pero que no tiene sentido práctico de acuerdo a los valores de "investment" capitalistas y lo que es peor aún para registrarse con racionalidad científica resulta intangible ya que son significados.

Maurice Godelier (1998) aborda esta figura del don en su libro *El enigma del don*. Esta obra, aunque es una reseña crítica al trabajo de otros antropólogos sobre el potlatch y los análisis que éstos han hecho sobre el don, acepta los criterios que ellos establecen sobre dar y recibir, acciones definidas como don y contra-don. Dice que donar supone tres obligaciones: donar, recibir y aceptar, luego devolver una vez se ha aceptado. Esto, obviamente, presupone lo que el autor denomina el «contra-don»; lo que se devuelve o regresa al donante, lo que es un intercambio, lo que es compartir. Godelier (1998) expone que se han analizado dos motivaciones para el don y el contra-don. En cada cosa que se dona en el potlatch hay un "espíritu" o fuerza sobrenatural que "incita" al receptor del don a devolverla o hacer el contra-don, que es una estrategia social, movida e implantada por el hombre y no por fuerzas divinas. Sin embargo, el "misterio" reside en que hay obligación de reciprocidad. La pregunta específica sobre el don y el contra-don en Hatillo sería: ¿Qué hace que todos den para compartir o cuál es el "noblesse oblige"? Godelier establece que se configura el don de la siguiente forma:

> La cosa o persona donada no son alineadas. Donar supone transferir a una persona, o una cosa, de la que se cede el uso, pero no la propiedad. Por ello, un don crea una deuda que un contra-don equivalente no puede anular. La deuda obliga a re-donar; pero re-donar no significa devolver, sino donar nuevamente.
>
> Dones y contra-dones crean un estado de endeudamiento y de dependencia mutuos que tienen ventajas para cada una de las partes. Donar supone, por tanto, compartir endeudándose o, lo que es lo mismo, endeudarse compartiendo. (p. 75).

Estas características del don y contra-don observadas en el potlatch de sociedades agrícolas pueden variar de lugar en lugar, según lo reconoce

Godelier, al haberse extendido el conocimiento antropológico, aun desde una perspectiva eurocentrista, hacia sociedades en Mesoamérica y Suramérica. Lo que aparentemente no varía es la esencia del compartir, inclusive el donar en situaciones de abundancia. El autor dice que en el potlatch se dona para "humillar" conclusión que no acepto. Me parece que su explicación sobre el tema está impregnada de valores de nuestra cultura de consumo. Entre otras cosas, dice que el que dona lo hace de tal forma que el que intente contra-donar se le haga prácticamente imposible. De ser así, lo que el recipiente de un don entrega al donador perdería a su vez la esencia de don. Entonces se estaría intentando pagar una deuda y eso no es compartir. El contra-don en sí es lo mejor que puede ofrecer el "contra-donante", por así decirlo. Sin embargo, en el potlatch todos donan para la unión del grupo.

Godelier (1998) acepta que lo que han descrito antropólogos anteriores sobre el potlatch eran actos ya prostituidos por el mercantilismo, el afán de lucro, el concepto de propiedad privada y la acumulación de riqueza que habían introducido los europeos a dichas sociedades, y que por esta razón, lo que interesa sacar de las entrelíneas del discurso antropológico, es la esencia de los actos y los significados que perduran hasta nuestros días.

Hatillo también está "prostituido" por el capitalismo, el neoliberalismo y el colonialismo estadounidense y lo que me impresiona es que aún perduren valores del potlatch de sociedades agrícolas en su entorno humano y geográfico.

La cultura, si se fuese a reducir su definición a una mínima expresión, tomando en consideración la miríada de definiciones que se han presentado, es todo lo que el hombre hace para satisfacer sus necesidades materiales, sociales y espirituales. El potlatch, como manifestación cultural rinde esa función también. Tiene un significado y las estructuras para cumplir con las aspiraciones materiales y espirituales de un grupo social. De no ser útil, perdería su significado, moriría como parte de la cultura popular y se transformaría, quizás, en un instrumento folklórico para el desarrollo del turismo. Pero el potlatch hatillano mantiene una identidad y cohesión de grupo. Por eso dice Godelier (1998) que las cosas que se donan responden a la voluntad individual y colectiva y no a aspectos divinos Dice el autor que:

> Lo que se produce o reproduce, a través del establecimiento
> de esos vínculos personales, es el conjunto, o bien una parte

esencial, de las relaciones sociales que constituyen los cimientos de esa sociedad y le imprimen una cierta lógica global que, al mismo tiempo, es la fuente de la identidad social de sus miembros, individuos y grupos. (p. 151).

Entiendo yo que este planteamiento sobre los dones como voluntad de la persona no niega el mito como motivación para donar. Las cosas, por tanto, no se desplazan por sí mismas; es siempre la voluntad de los hombres quien las pone en movimiento, pero esa voluntad está por su parte animada por fuerzas subyacentes, por necesidades involuntarias, impersonales, que actúan de manera permanente sobre los individuos, tanto sobre aquellos que toman decisiones como sobre los que las sufren, porque en las acciones de los individuos y de los grupos, son relaciones sociales lo que se reproduce y coordina, es la sociedad en su conjunto lo que se recrea, sean cuales fueren la forma y grado de conciencia que los actores tengan, individual y/o colectivamente, de esas necesidades.

Pero, retomando la pregunta sobre cuál es el don en el potlatch hatillano, ¿qué se da?, ¿qué se recibe? Nadie mejor para explicarlo que los propios actores durante la discusión del gasto y de lo que se obtiene a cambio.

Reconozco que el potlatch es un evento comunal. Después de conocer la magnitud de la participación de los hatillanos en la mascarada, ya sea como corredores, recibidores o público espectador participante, puedo concluir que es un evento que reúne a personas de la mayor parte de la extensión geográfica dentro de los límites municipales de Hatillo. Es por esta razón que muchos visitantes consideran el evento como el más grande en su género de Puerto Rico y El Caribe.

La participación total de personas en la mascarada es, para todos los fines prácticos, imposible de establecer con precisión matemática. Cada cofradía actúa independientemente de las otras. Su única relación es la competencia amistosa para lograr prestigio en el desarrollo del potlatch (contrario a la competencia por premio del festival oficial). He aprendido que cada fratría tiene sus propias estructuras administrativas, su mística en la unidad del grupo y su agenda para correr máscaras. No hay un medio de contabilizar la participación total en la región.

Sin embargo, podemos tener una idea de la participación de las máscaras a través de las hojas de inscripción para el Festival de las Máscaras de Hatillo. Estas cifras dejarían fuera a los recibidores, espectadores participantes y aquellas máscaras que no se inscriben o bajan al pueblo. Tomando como base estas cifras evidentes, consideremos que en la agenda de cada fratría se visitan los familiares y amistades de cada uno de los miembros y que esos recibidores son familias con varios miembros. Los espectadores participantes suman cientos de personas en las orillas de las carreteras de la región o en la plaza del pueblo. Definitivamente, concluyo que la participación es masiva y que envuelve a todos los sectores socio-económicos. La pintora hatillana Gloria Ferrer, refiriéndose a la grandeza de esta festividad comunal, me decía en un encuentro personal que *"Pocos pueblos tienen la oportunidad de un momento de comunión así".*

Otra característica del potlatch es que en esta fiesta se reconoce el prestigio de los poderosos a base de lo que comparten o destruyen de sus bienes materiales. Es importante destacar que la cualidad de poderoso se da en diferentes niveles de la relación entre los hatillanos; i.e., poderoso es aquel que puede gastar miles de dólares en trajes de máscara y en carrozas lujosas o jeeps, pero poderoso es, también, aquel que dedicó escasos recursos económicos para comprar un traje usado y que rompió su automóvil para tener una carroza digna y hermosa y que luego destruyó entre sus iguales. El prestigio de ser poderoso lo asigna el acto, no importa la riqueza material de quién lo haga. El sentido de destrucción de bienes materiales se expande a la actitud de no repetir el mismo traje o la misma decoración en las carrozas y jeeps de un año a otro. Lo importante es el desprecio hacia lo material, no importa su coste. El prestigio surge de la destrucción o rechazo del "investment".

En Hatillo, los corredores de máscaras antes de 1950 eran pocos y muy reconocidos. En su mayoría eran miembros de familias con un núcleo de riqueza, algo así como pequeños caciques de la región. También participaban personas con menos recursos económicos que gozaban de gran fama como corredores. Ahora, son muchos los que participan en el potlatch y todos destruyen y ganan su reconocimiento, no importa su origen socio-económico. Me explicaba Wanda Candelaria, una consecuente corredora desde muy joven, respecto a lo que significa el gasto para cada máscara que, *"nada, un gasto. ¿Que se recupera algo? Ni un centavo, ni un centavo. El que tenga la intención de salir para recobrar algo, desde ahora se puede quedar en su casa. El que tiene miedo a que se le rompa o ensucie su traje, no es máscara…. a lo más que puede aspirar es a media máscara."*

El prestigio a base de lo que se comparte o se regala se puede observar en las familias que reciben máscaras. Todas estas familias se preparan para recibir máscaras con abundante comida y bebida. No importa el número de máscaras que llegue, serán servidos con platos tradicionales de la Navidad y bebidas típicas, i.g., ron cañita. En las casas cercanas a la orilla de las carreteras de los barrios se observan drones de metal llenos de hielo con cerveza fría y mesas largas con pedazos de lechón, arroz con gandules, pasteles y otros alimentos para que las máscaras puedan saciar su sed y mitigar su hambre durante la catarsis y frenesí del día. En el acto de recibir máscaras o de ofrecerles comida y bebida, hay un prestigio enorme.

Una de las familias más prestigiosas en esta manifestación de anfitrión de máscaras ha sido la familia de ganaderos conocida como Los Campos. Casi todas las mojigangas visitan la vaquería de Los Campos el día 28. El lugar está preparado con un área techada en la que tienen música típica en vivo para deleite y baile de las máscaras y visitantes, y un kiosko en el que sirven comida y bebida a todas las máscaras. Las comparsas hacen fila para entrar a la propiedad con sus carrozas, jeeps y caballos. Una vez dentro, se saludan en la forma tradicional de abrazarse girando hasta caer al suelo, formándose una «bola de máscaras» sobre el césped, tierra o fango. Los pandemónium de máscaras, sonido, luces y maldades se suceden todo el día. Pero el compartir entre máscaras, visitantes y familiares es la verdadera razón de la fiesta. Una vez se han saludado, todos comparten en armonía la comida y la bebida. Luego, las máscaras se trepan en sus monturas y salen a correr de nuevo.

Los Campos es un tercer apellido que se diluyó entre las generaciones de parientes, pero que siempre se ha usado, ya que fueron Los Campos los que hicieron la promesa de mantener la tradición viva. El originario de Los Campos dejó escrito en su testamento el respeto a esta tradición. Los que mayor don pueden entregar son los ganaderos. Sus familiares y descendientes son los que más prestigio -por antonomasia, poder- exhiben y logran durante el potlatch (conversación personal con la Sra. Carmen Siverio)

Cuando entrevisté a la Sra. Vilma Aguilar, miembro de una familia que siempre han recibido las máscaras, lo primero que hizo fue poner la música de Nito Méndez como fondo musical. Me explicó que era una tradición de la familia el recibir máscaras. Que se hacían los preparativos para recibir cientos de personas, muchas de las cuales no conocían: *"Desde hace 30 años (...), recibiendo a tantos, desde hace 12 años"* (lo que ratifica mi tesis sobre el crecimiento de la festividad en las últimas décadas). Al preguntarle por qué lo hacía, entre otras cosas me dijo:

"... la familia ahorra para eso, mi pequeña familia (...) es algo que es nuestro, lo disfrutamos, es algo tan lindo (...) mi papá corrió máscaras, mi abuelo corrió máscaras, mi hijo corre máscaras (...) decirle a la gente que estamos en Navidad, es el nacimiento del Niño Jesús (...) decirle a la gente: aquí estamos los hatillanos para compartir esta fiesta que es típica, que es tradición (...) antes solo los de ingresos económicos altos eran lo que salían, ahora es más popular".

A la pregunta de qué se obtiene a cambio:

"... la satisfacción de ese día es inexplicable, hay que ser hatillano para sentir eso (...) es recibir a gente que no conocemos, es compartir con gente que no conocemos, los amigos llegan a la casa, comparten, (...) la satisfacción de que hay una casa, que hay un hogar donde los recibimos con mucho cariño, no importa quién sea (...) desde las 6:00 a.m. Todo está arreglado, desde las 8:30 a.m. se reciben (...) ciento y pico de pasteles, dos ollas grandes de arroz, bebidas en envases gigantescos (...) el 28 son las máscaras, ya el 29 están pensando qué van a hacer el próximo año (...) es algo que llega tan profundo, llega tan profundo. Hay que vivir en Hatillo para saber qué se siente (...) el mes de octubre, todos los domingos están saliendo las carrozas; las corren desde octubre y la policía los persigue (...) ¡Es un proceso bello!"

Otro lugar donde se recibe en grande es en el potrero Gilmarie, propiedad de los ganaderos Rivera. La Sra. María L. Díaz, esposa de Don Gilberto Rivera quien, obviamente, es jefe de clan, me narró que su hijo tiene un grupo que se llaman Los Poderosos, entre los que hay abogados, médicos, ganaderos y extranjeros que, una vez que han conocido las máscaras, siempre vienen a correr porque, según ella: *"el que corre máscaras una vez lo sigue haciendo siempre".* Sobre el recibir dice, entre otras cosas: *"Porque sí, te visita (...) A todo el que viene, abrimos a las 8:00 a.m. (...) más de $ 2,000.00 se gastan aquí".*

Para el gasto de la comida, la familia trae diferentes platos ya preparados, bebidas y otras cosas y, de esa forma, todos los Rivera y sus familias (que son ganaderos en su mayoría) hacen el potlatch en la casa de la cabeza del clan. *"Somos ganaderos, mi familia siempre han sido ganaderos",* dice. Sin embargo, me explicó que todo lo de la ganadería se desarrolló hace como 30 años. *"Es donde más ganaderos hay en todo Puerto Rico"*, reafirmó con orgullo. Y luego añadió que los que reciben en grande son ganaderos: *"todos son ganaderos"*. Ella acepta que hay una relación entre la ganadería y las máscaras: *"En el factor económico, sí, cuesta mucho"* y dio como ejemplo el gasto en trajes de Los Poderosos. Son 58 corredores con trajes de $ 500.00 cada uno, para un gasto de $ 29,000.00 en trajes solamente. Este grupo posee jeeps que no se usan en las labores agrícolas, porque son para correr máscaras exclusivamente. Pero, como ella dice, *"es una costumbre, todo el año, los chavos de las máscaras aparecen"*.

Los Toledo Díaz reciben las máscaras en una de sus vaquerías, donde se reparte comida y bebida al lado de las vacas. Esta familia es descendiente de quien hoy es una figura legendaria para las máscaras: Mamá Tula. Todas las máscaras que tienen relación con o son familiares de ganaderos siempre mencionan a Mamá Tula, como una de las que inició el recibir máscaras en grande. De los Díaz es también una de las mayores empresas de alimento para ganado, Alfredo Díaz, Inc., que controla Con Agra y Red Hat, dos productos para la agricultura y ganado lechero. Mamá Tula, venerada en el recuerdo por muchos, tenía su casa en el cruce de Lechuga, un lugar de convergencia de todas las fratrías en su correr por las fincas y barrios de Hatillo.

La Sra. Norma Rodríguez, esposa de Don Félix («Fello») Díaz, me contó que sus abuelos salían a caballo y que su familia siempre ha recibido máscaras porque es una tradición. Para el gasto del potlatch, toda la familia trae sus cosas a la casa del viejo Fello (el jefe del clan). Explicó que el 28 es el día más importante de la Navidad, para lo cual sacrifican de 10 a 12 becerros y preparan 30 cajas de pollos para el *"asopaíto de la mañana"*. El asopao para que las máscaras se desayunen se sirve hasta las 10:00 a.m. Ella lo prepara entre las 5:00 y las 6:00 a.m. (ya han abierto las vaquerías). Para el almuerzo, que está listo a las 11:00 a.m., usan, aproximadamente, 30 kilos de papas. La industria lechera coopera con el desayuno y dona zumos de naranjas y pequeños envases de leche.

Siempre se usan entre 130 a 150 cajas de cerveza y, como ella explicó, *"todo se va"*. Todo este gasto corre por cuenta de ellos. El 28 de diciembre de 1998, a las 12:00 del mediodía, habían atendido 600 máscaras para el almuerzo y seguían llegando. El capataz de la finca, Monserrate Dorta, y yo hicimos un cálculo sobre gastos y concluimos que se habían gastado, en costes directos, $ 12,000.00, siendo conservadores porque los becerros eran de la finca. Esto no incluye los hombres-hora empleados en la planificación, ejecución y trabajos posteriores del evento. Pero dice

Norma Rodríguez: *"lo hacemos con gusto"*. Sobre los ganaderos me dijo: *"Hace 40 a 50 años que empezó la ganadería en grande (…) no son los ganaderos solo, todos participan, pero los más que reciben son los ganaderos"*.

Para ella todo comenzó "en los barrios de los campos. Antes en el pueblo los rechazaban. Ahora es el festival, pero antes les cerraban las puertas". Su Sobrina Yeyi, añadió: "Mamá Tula, ella era el corazón de las máscaras", estableciendo que se ha convertido en un símbolo del campo y las máscaras.

Antes de continuar, quiero anotar una observación. Durante todos los años en los que he podido entrevistar a personas que reciben máscaras, siempre me ha atendido y conversado sobre el tema una mujer. En la casa de la familia Candelaria: Vicky y Wanda; en la familia los Campos: Carmen Siverio; en la familia Rivera: María Díaz; en la familia Díaz Toledo: Norma Rodríguez; en la familia Aguilar: Vilma Aguilar; y así sucesivamente en todas mis visitas a esas familias. El hombre -o jefe de clan, como se me ha ocurrido llamarle- siempre permanece callado escuchando y solo conversa cuando le he hecho una pregunta directa, pero nada más. Eso sí, al final siempre es el hombre quien me ofrece un trago de su mejor cañita. También he observado que quien tiene toda la mayor responsabilidad de planificación y ejecución del potlatch es la mujer. El hombre se matiene en la actividad agrícola ganadera. Todos los 28 de diciembre, estos jefes si no corren - como es el caso del Sr. Aby Candelaria, papá de Wanda, que corre siempre a caballo - permanecen sentados en un lugar cercano a donde se reparte la comida y a donde se dirigen los líderes de fratrías para agradecerles el "don". Pero, por otro lado, hay que pensar que en las sociedades agrícolas la mujer siempre es el custodio de los bienes culturales.

Hay otras casas que se destacan por recibir a todas las máscaras, tales como la familia de los Delgado, los García, los Mora y todos aquellos que, en una medida menor, reciben máscaras en sus barrios a través de la región. De esta forma se adquiere prestigio a base del gasto, cualidad inherente al potlatch.

Es importante aclarar que estos criterios del potlatch están definidos y anotados bajo la óptica y perspectiva de inversión y ganancias, de la mesura conservadora de la acumulación de capital. Pero para las personas que reciben máscaras no hay derroche, sino la distribución de la riqueza a través del compartir. El hecho de que sean promesas de familias, muchas de ellas con recursos económicos logrados en la agricultura y la ganadería, arropa este acto con una mística religiosa que da la razón a sus actuaciones.

La Sra. Vicky Candelaria recibe las máscaras al finalizar el día, cuando han decidido dejar de correr. Me ha expresado sobre el recibir máscaras:

> *"Muchos lo hacen, como un (...) darle la bienvenida a esas personas a base del sacrificio que ellos han tenido para alegrar el pueblo y la comunidad; pues a base de eso, ellos le hacen como un reconocimiento. Ustedes gastaron para alegrarnos a nosotros, pues nosotros los vamos a recibir brindándoles ya sea una comida, bebida (...). Como un intercambio (...) tanto se lo goza ese corredor como esa persona que prepara el recibimiento. Caemos en Los Campos, dicen; yo los recibo por la noche. Dicen, caemos en casa de Vicky (...) aunque vengan a revolcarse aquí."*

Norberto Ruiz, pintor hatillano, me dijo sobre el mismo tema:

> *"El orgullo más grande es que vaya una comparsa a la casa y que ellos puedan servirles; sea platos típicos, las bebidas que tengan en sí o bebidas típicas también; y que la máscara se sienta bien. Hay gente que tú le notas el gozo (...) al igual que hay corredores (...) pues hay personas que para ellas es sagrado recibir máscaras."*

Decir que recibir máscaras es sagrado adentra el evento en una dimensión de religiosidad muy especial. Los Campos reciben por una promesa que hicieron unos hijos a su padre, quien les pidió que nunca dejaran caer esa tradición.

Algunas familias han dejado de recibir máscaras. El caso que más se menciona en las entrevistas es el de Mamá Tula, de la familia de los Díaz. Ella se destacó como costurera de trajes de máscaras y por su amor para recibir las máscaras. Su hija era asidua corredora. Pero la tragedia llegó y en un 20 de diciembre, su hija murió. Ese año, Mamá Tula recibió a las máscaras porque pensaba que era el mejor homenaje a su hija, ya que ella hubiese deseado que fuera así.

Se dice que antes había más familias que recibían en grande, pero que ahora son menos. He analizado los razonamientos ofrecidos durante las entrevistas para esa aseveración y reconozco que esto es consecuencia de varios factores:

- Problemas que han surgido en muchos hogares, especialmente por las maldades y actos de personas de otras áreas o de jóvenes que no poseían un sentido del propósito de la mascarada.
- El factor de la edad de los que recibían. Muchos han envejecido y han tenido casos de enfermedades o luto en la familia.
- La masificación de la mascarada. Antes eran menos los que corrían, ahora son más y el espacio («spatial») para acomodarlos se ha reducido.
- La inflación, la economía y el coste de competir. Se van quedando atrás los que no pueden afrontar el gasto.

El balance es que muchas casas reciben, pero no a todas las comparsas. Pienso que antes había varias familias de prestigio que recibían en grande pero, por los factores enumerados, se han reducido. Sin embargo, he observado que el recibir máscaras se ha fragmentado y multiplicado por la cantidad de familias que reciben máscaras en sus hogares como parte de la agenda de cada fratría.

La máscara que llega a cada casa da prestigio al anfitrión. Wanda Candelaria, me explicó:

> -"Es cuestión de tener el gusto que esa amistad tuya llega hasta tu casa (…) para mí es un honor recibir grupos de máscaras en mi casa. El que ellos tomen en consideración mi casa para visitarla, para mí eso es un orgullo y un honor. Y a cambio de ese honor, yo los recompenso con comida, bebida y abriéndoles las puertas de mi hogar, para que me digan cómo la están pasando (…) A veces vienen grupos que en tu vida has visto (…) pero es un honor recibirlos."

En el potlatch se invierte dinero sin esperar ganancias y se compite para prestigio. Alejandro («Papo») López expuso su prestigio como líder de «Los Traidores»: *"Pues dicen, el grupo de Papo (…) en sonido, este año se fueron arriba. El prestigio de nosotros es que somos veintiun nenes para poder dominar"*.

A Abimael Candelaria lo he observado gritándole a otras mojigangas que pasaron probando sus carrozas cerca de su casa, un 22 de diciembre por la noche, con el manto del traje abierto en sus manos: *"mira lo que te tengo papá, mira lo que te tengo"*. Wanda Candelaria, su hermana, lo resume así:

-*"Es una satisfacción personal (…) es un orgullo decir: mi traje es mejor que el tuyo, y todos son bellos; y me gasté tanto en mi traje. Y con el que vengo el año que viene te voy a dejar mudo. ¡Ah! y al otro día se está planificando. Todo ese gasto es para un solo día, pero a las doce de la noche del 28 ya estamos pensando: ¿qué vamos a hacer para el año que viene? Los casados con hijos sacan a sus bebés vestidos de máscara (…) y las madres culecas con sus hijos: mi traje me costó esto y la costurera me cobró esto, tiene un traje como su papá. No les ponen careta porque hay que darles la botella [biberón], sino se la ponen también."*

He determinado tres cantidades promedio de dinero que gastan las máscaras en sus trajes y en sus monturas. Un traje cuesta un promedio de $500.00 Cada jeep requiere un promedio de $5,000.00 en arreglos y decoración para ese día. En las carrozas se gasta un promedio de $6,000.00 al año. Usando estas cifras basándome en lo único -aunque totalmente imperfecto de que disponía: los documentos del Centro Cultural de Hatillo y los registros de fratrias que participaron y se inscribieron en el Festival de Máscaras entre 1992 y 1998, calculé un promedio de gastos directos de las máscaras inscritas para el festival durante la década de los noventa: $1,670,821.43 por año.

Estas cifras son altamente conservadoras, pero que nos dan una idea del gasto para la festividad del 28 de diciembre. En los números hay un margen de error no determinado y pienso que muy grande, por problemas para contabilizar las máscaras, jeeps y carrozas. Estos números están basados en las hojas de inscripción de mojigangas del Centro Cultural de Hatillo las cuales, según mencioné anteriormente, se hicieron en cartones, vasos sanitarios abiertos, páginas de libreta arrancadas, bolsas de papel de «strassa», papeles con manchas de aceite de motor, con copias o sin copias de las licencias, con apodos, etc. También hay casos, aun en las formas más organizadas, en que no podía determinar si iban a salir en carrozas o en jeeps, porque no se especificaba, lo que me obligó a preguntar a otras máscaras si conocían el grupo en cuestión. Traté de identificarlos por medio de fotografías para saber qué tipo de vehículo usaron, pero también confronté problemas, ya que algunos de los grupos se intercambiaron los números asignados y otros se inscribieron bajo un tema y no con el nombre de la fratría, o se inscribieron con el nombre de la cofradía y luego la carroza llevaba el nombre de otra cosa; i.g., «Los Inmortales» se inscribieron como «Los Goofy» y los que se inscribieron como «Los Tradicionales» corrieron como «Los Bumerang». De todos modos, es solo un ejercicio para tener una idea de lo que se invierte para el potlatch. El coste aproximado que he reflejado para los festivales de 1992 a 1998 no incluye los gastos relacionados con:

- Los que reciben las máscaras con comida, bebida, música y otros gastos.
- Los que no se inscriben, que son muchos.
- Los que corren máscara a caballo.
- El tiempo invertido en hombres/hora en las máscaras y en los que reciben.
- Casos de coste excepcional.
- Gasolina y otros productos perecederos.
- Aportaciones de familiares y amigos.
- Servicios profesionales no facturados.
- Otros.

Este coste se reparte a través de todo el año y tiene un impacto favorable para la actividad económica del pueblo y del comercio en otros lugares de la isla. Costureras, mecánicos, vendedores de telas, hilos y accesorios, hojalateros, soldadores, gasolineras, electromecánicos, vendedores de piezas de autos y camiones, comercios de equipos de sonido y de luces, tiendas de piezas de electrónica, vendedores de juguetes, de zapatillas deportivas, alambiqueros de ron cañita, la banca, farmacias, tiendas de comestibles, vendedores de licores, lugares de turismo interno, vendedores de petardos, los artistas y grupos musicales, y otros tantos comercios y personas que, en una forma directa o indirecta, se relacionan durante el año con la actividad del 28 de diciembre a través de sus servicios o venta de productos. ¿Cuánto podemos calcular realmente? Podemos afirmar y decir con toda certeza que los gastos de la comunidad para hacer el potlatch y el festival es un gasto millonario que se reparte a través de todo el año.

Este coste, que se repite todos los años, es pagado por las máscaras y por las personas que participan en el potlatch, sin necesidad de corporaciones privadas o gubernamentales. Por eso es una creación del pueblo (significando población del área en general), que surge del pueblo y es para el pueblo.

Respecto a los elementos del potlatch, éste es un carnaval saturnal o de invierno, que es característico de las sociedades agrícolas. Luis

Maldonado (1975), en su libro *Religiosidad Popular*, discute el potlatch, que surge en las sociedades primitivas europeas y que se mantiene en el carácter comunal de las fiestas religiosas durante el bajo medievo español, diciendo que:

> La cultura del potlatch (…) que muchos sociólogos consideran como surgidas del barroco y destruidas por el capitalismo o la sociedad burguesa, se mantiene en lo festivo de la comunidad (…) Evidentemente la fiesta es una celebración pública comunal. Dar y recibir, recibir y devolver, consumir y gastar se hace siempre a los ojos de todos. (…)

> El prestigio que ello produce no se consigue si los bienes u objetos preciosos son destruidos en la soledad o en la intimidad. Todo debe hacerse ostensiblemente. Un cierto grado de ostentación es requisito obligado. (…) Es la destrucción de una serie de bienes con vistas a fines distintos de utilidad. Evidentemente, esa dilapidación se hace en medio del pueblo, para el pueblo y por el pueblo. (…) piénsese en lo que supone de gasto inútil la construcción de unas "fallas" que se queman.

> Recuérdese cómo, dentro de la fiesta, unos grupos invitan a otros y rivalizan entre sí para ver quién ofrece más. Durante varios días las familias, las agrupaciones, las corporaciones se están invitando ininterrumpidamente en sus respectivas casetas, domicilios o en otros centros públicos, a comer y beber. El banquete, la comilona, la cuchipanda y la francachela se intercalen como algo natural por todas partes. Es una forma de realizar, al menos durante un breve tiempo al año, esa circulación de bienes a que apunta el potlatch. (p. 283

Que el potlatch hatillano permite un intercambio de bienes y servicios en toda la región y aun fuera de ella es evidente, pero eso lo puede hacer cualquier actividad donde haya derroche de bienes materiales y mesurables. Entonces, ¿qué es lo que se intercambia para dar una especie de unicidad al evento de tal forma que mantenga la cohesión del grupo cultural y que lo diferencia de otras festividades? O sea, ¿cuál es el don? El don y contra-don del potlatch hatillano no es material, es espiritual y abstracto, se remite al dominio de los símbolos y se expresa en los rituales dentro del gran ritual en sí que es el potlatch. El don es la máscara y el contra-don el prestigio, o a la inversa, dependiendo de la dimensión humana en que sea expresado u otorgado. La máscara es el ser, el humano encarnando los valores del compartir alegría, amistad, hermandad. En la máscara hay prestigio; de sus manifestaciones surgen los símbolos significantes en la resolución de los conflictos, la identidad y el orgullo hatillano. El que recibe las máscaras se siente honrado cuando ellas le entregan ese don. El recibidor, desde su posición de poder, le entrega a la máscara su prestigio en términos de igualdad a través de sus atenciones, las cuales no están exentas de valores religiosos cristianos, al igual que humanos. Esos dones y contra-dones se llevan todo el año hasta el próximo potlatch. Pero al recibidor no le pertenece el don de la máscara, ni a la máscara le pertenece el prestigio del recibidor. Se convierten en custodios de los mismos para llevarlos a sus dueños de nuevo otro 28 de diciembre. Es por esta razón que en el que recibe se convierte en un punto de convergencia de las máscaras que incluyen en su agenda ir a visitarlos, donde se renueva el intercambio de dones. De ahí el hilo invisible, pero fuerte como el mejor acero, que mantiene una cohesión del grupo cultural. De la máscara con *ser* y el ***prestigio*** del poder surge todo lo demás.

La máscara es un significante tan poderoso que el que la recibe por primera vez, regresa a ella; el que está ausente hace lo indecible para volver a ella. La máscara es sagrada, se entrega a Dios o a los hombres como algo preciado.

Lo sagrado en la máscara: la vida y muerte

El potlatch se ha impregnado de la religiosidad de la época y del misticismo cristiano. Todas las máscaras entrevistadas, en grupo o individualmente, aun las que no he citado en este trabajo, me indican que correr máscara es sagrado. La dimensión religiosa del potlatch hace que esta tradición se herede a base de promesas familiares y que se pospongan las actividades más trascendentales de nuestra vida social, al igual que es una continuidad de vida después de la muerte.

Hay máscaras que viven o estudian en Estados Unidos y se mantienen en contacto con su grupo para que les preparen sus trajes, enviándoles dinero desde allá. Luego vienen el 28 a correr, porque correr máscara es algo sagrado. Papo López, líder de fratria, me dijo que ha convencido a sus superiores en la fábrica en que trabaja para ausentarse el 28, porque para él *"eso es sagrado"*. Lo mismo ha hecho Wanda Candelaria en el Departamento de Justicia, al punto que la excusan por tres días para prepararse, para correr y para recuperarse. Mario, líder de "Los Burlones", decía que él corre porque es una promesa de familia que heredó su padre de su abuelo y que es algo que él lleva en la sangre. Otro miembro de ese grupo, Willie, se casó un 26 de diciembre y se fue de luna de miel a un hotel de lujo en otra ciudad. Le dijo a su esposa que el 28 iba a interrumpir su luna de miel para ir a correr. Por supuesto, su esposa, que no es hatillana, no se lo creyó. El 28 de ese año Willie se reportó a su mojiganga, llegó con su traje de máscara y acompañado de su esposa, que tenía *"cara de pocos amigos"*, según sus palabras.

He observado máscaras heridas y llenas de sangre que son llevadas a hospitales y que a las dos horas regresan suturados, vendados o con escayolas y con sus trajes para seguir corriendo. Las heridas menos peligrosas son atendidas en el curso del potlatch por la Defensa Civil o se curan con un chorrito de cañita, pero el correr no se detiene por esos accidentes.

Wanda Candelaria me expresó:

> *"Me gusta, me gusta, me gusta. Es algo que lo llevo. No se puede decir en palabras lo que es el sentimiento, pero yo lo siento. Quizás tengo la emoción de una novia que se va a casar ese día, yo me pongo nerviosa. Se goza mucho, se disfruta; por lo menos el que lo lleva en el corazón. Yo me crié entre máscaras. Mientras Dios me dé fuerzas y me dé vida, saldré de máscara toda la vida. Viejita que esté, que aunque no pueda salir nada más que al balcón, pero yo en mi casa me pongo el traje de máscara, así tenga que salir nada más que al balcón porque mis huesitos no me den para más. Así haré con mi papá y con mi hermano."*

Pero más significativo aún, en la dimensión sagrada del potlatch, es que hay personas que sacrifican el correr máscara como una ofrenda a Dios para recibir salud o un bien espiritual. He escuchado el relato de varios casos del rito de sacrificio entre máscaras, pero haré referencia al de Vitín Cortés, a quien se ha conocido como la máscara ausente.

Vitín Cortés era una persona que se destacó como máscara alegre, persistente en la tradición. Era conocido por todos. Un día su esposa se enfermó de gravedad y los médicos no ofrecían mucha esperanza para su vida. Vitín, desesperado, entregó a Dios lo más querido para él a cambio de la salud de su esposa: correr máscara. Sobre él, Judith M. Monrozeau (1992), dijo lo siguiente:

> Su creencia en la esencia absoluta que es Dios, le mantenía viva la esperanza...Pero muchas veces la esperanza no es suficiente. Él sentía que debía hacer algo, algo grande... pero ¿qué? ¿Ofrecer su vida? ... Tal vez eso hubiera resultado fácil ... Entonces recordó que el amor y la fe van más allá de toda frontera física, siempre y cuando uno esté dispuesto a abandonar lo más preciado, lo más que uno atesora."

> Así, Vitín hace la firme promesa de no participar, no presenciar el evento que por tantos años había significado tanto en su vida, a cambio de que Dios le concediera nuevamente la salud y la tranquilidad a su esposa. Y el "milagro" sucedió: su esposa, Zulma, recobró la salud. Desde entonces, cada 28 de diciembre, "Vitín" Cortés sale con su familia del pueblo, como pago a su promesa y en señal de agradecimiento al que "Todo lo puede".

El sacrificio de Vitín tuvo un significado para muchos y Luis Martínez Salas, un hatillano, lo expresó mediante un poema dedicado a Vitín Cortés titulado "Máscara Ausente", que fue publicado posteriormente por Judith Monrozeau bajo *Una tradición y una promesa* (1992). A través del poema, la promesa de Vitín de no correr más si Dios salvaba a su mujer quedó inmortalizada: "*... con dolor se hacen promesas, ... en diciembre, ... una de las máscaras falta, ...eres la máscara ausente, pero tu amada está contigo*".

Ya expliqué cómo Mamá Tula recibió máscaras el mismo mes en que su hija, que era corredora, había muerto, porque eso era lo que ella hubiese preferido, dando a la muerte de su hija una voluntad aún viviente el 28. Me han narrado las máscaras que cuando Mamá Tula murió, todas las máscaras que tenían un traje fueron vestidos con ellos a su entierro, pues esa era la forma más digna y honorable para acompañarla.

Cuando conocí a Los Implacables, estaban construyendo su carroza con un símbolo de una cruz, una rosa y lágrimas de sangre. Una vez terminada, el 28 de diciembre de 1996, salieron en un "wheeling" muy alto. La carroza, al levantarse, mostraba un gran letrero atado por debajo

que decía: *"En honor a Ti, Madre"*.
Resulta que al líder del grupo se
le murió la mamá ese año y, en
honor a ella, hicieron la carroza.
La primera visita en su agenda fue
ir al cementerio, y allí hacer los
"wheelings", *"para que su mamá
viese la carroza que le hicieron"*. La

carroza fue una promesa a Dios por su mamá y ésta, a su vez, *"estaría
orgullosa"* de ese don tan hermoso.

Todas las fratrías que han tenido familiares o máscaras de la
mojiganga que han muerto planifican en su agenda, como primera visita,
ir al cementerio para llevarles alegría, compartir, mostrarles sus trajes y
carrozas, o sea, sus bienes sagrados.

Luis Gutiérrez, líder de Los Mensajeros de la Paz, me dijo que salían
muy temprano el 28 para visitar el hermano de uno de los corredores en
el cementerio.

El 28 de diciembre de 1998, mi compañera y yo fuimos a las 7:00
a.m. a uno de los cementerios de la región y observamos varias carrozas
entrar, llevar flores, trajes y orar en grupos frente a los sepulcros. Para todas
era su primera visita en la agenda. Conversamos con una máscara de "Los
Intocables" y nos dijo: *"Hace 8 años que venimos aquí (…) a compartir con
él aquí (…) es una promesa que tenemos (…) es la alegría de estar juntos."*

Del cementerio iban para la casa de los padres de la máscara, a llevarle su traje y sombrero, ya que todos los años se lo preparan.

El don de la máscara se lleva aún después de la muerte. Para las máscaras, la muerte no los separa y siguen compartiendo simbólicamente y donándose entre sí el prestigio, el orgullo, la alegría y la hermandad.

En 1998 a Pipe Moya, líder de Los Inocentes, se le murió el papá y su hija pequeña. Los demás miembros del grupo le plantearon no correr ese año, porque comprendían su dolor; sin embargo, no aceptó porque correr era sagrado.

Ese mismo año, el 21 de diciembre, la hija de siete años de un corredor, jugando con sus primitos, encontró un viejo revólver de su bisabuelo en un armario y en el juego que formaron murió de un disparo. La familia decidió seguir adelante y correr, porque era la alegría de la vida ante la muerte y, además, *"ella era ahora un angelito"*.

La secretividad, parte esencial del Potlatch Hatillano

El potlatch, además de ser sagrado, es divertido. La secretividad es parte de la competencia amistosa y de la ostentación. Las carrozas y los jeeps se preparan mecánicamente a la vista de todos, pero se decoran a escondidas. Así, el 28 salen a correr pensando que su montura es la mejor y la más hermosa. La organización en cofradías ayuda a este proceso, porque mantiene la fidelidad de sus miembros y el compromiso de mantener en secreto los diseños de sus trajes y monturas para el momento del «impacto social». Sobre este particular, dice Luis Maldonado (1975):

> Visto este tipo de fratría en su contexto más amplio, podemos decir que ofrece a sus miembros la posibilidad de una gran reunión; reunión con todos sus convecinos por distinta que sea la edad, la cultura, el barrio, la profesión; reunión activa y reactiva, interpersonal, pues todos participan en una acción común, la fiesta, donde confluyen todas las fratrías (…) toda la ciudad (p. 294).

El otro aspecto importante de la secretividad lo ejecutan las costureras. La forma en que estas personas organizan el trabajo de tantas mojigangas y evitan que sea visto por los miembros de diferentes grupos, conlleva un gran voto de secretividad. Para eso, las costureras tienen un guardarropa en su casa y enseñan los trajes a un grupo mediante cita previa. Nunca comentan sobre los diseños de un grupo a otro grupo. Éstas se esfuerzan por la perfección en el traje, porque saben que significa el prestigio en el impacto social. Por eso se han ganado la confianza de las máscaras.

El elemento confidencial se manifiesta también en la confección de las monturas. Las carrozas y los jeeps se decoran a escondidas u ocultos en fincas o ranchones. Los que viven en áreas urbanas usan toldos plásticos para ocultar sus trabajos. De esta forma trabajan para lograr la mayor perfección en el diseño. Una línea sesgada, un hueco entre telas, dos tonalidades de un mismo color que debe ser uniforme, son razones suficientes para producir una sensación de desprestigio. Por más sencillo que sea el diseño, se requiere concentración, pues no es lo costoso del mismo lo que da prestigio, sino lo cuidadoso de su terminación. En el potlatch todo se puede destruir, pero al potlatch hay que llegar con dignidad.

El mito religioso y el Potlatch

El mito religioso de los soldados de Herodes ofrece a las máscaras y a la comunidad en general una explicación racional para sus acciones manifiestas. El culto a la razón, a la matemática, al empirismo y al método científico, exige que se den explicaciones racionales para toda la conducta humana. Pero cuando el hombre no comprende bien la génesis de un comportamiento "irracional" para los valores prevalecientes de nuestra cultura capitalista-industrial, se inventa una explicación que sea aceptable por todos. En Hatillo, el pasaje bíblico sobre los soldados de Herodes y la matanza de los inocentes ofrece una racionalización a la catarsis, el frenesí y el anonimato. Se ha convertido en una explicación lógica y racional de una manifestación cultural desviada de lo normal, en una sociedad positivista y pragmáticamente comercial. La Navidad justifica el compartir con los familiares y amigos y la mística sagrada de las cosas cristianas envuelve en esa mística sus actuaciones.

Lévy-Strauss (1979) nos dice sobre el mito:

> "Myth is unsuccessful in giving man more material power over the environment. However it gives man, very importantly, the illusion that he can understand the universe and that he does

understand the universe. It is of course, only an illusion (…). Images borrowed from experience can be put to use. This is the originality of mythical thinking - to play part and conceptual thinking. (p. 17).

Serena Nanda (1987) dice sobre el mito religioso que: *"Más todavía, a través del mito y el ritual los valores sociales reciben una Autoridad sagrada y proporcionan una razón para el orden social presente. El ritual religioso también intensifica la solidaridad, creando un ambiente en el que la gente experimenta una común identidad (p. 275)."*

Ante la ausencia de una comprensión cabal del por qué de las actuaciones de las máscaras (que corresponden a una cultura encubierta y, en muchos casos, inconsciente), que son contrarias al pensamiento racional y lógico de la sociedad capitalista industrial, el relato religioso provee autoridad y unidad al pensamiento para justificar las manifestaciones del 28.

Sin embargo, cuando se busca la opinión sincera de una máscara, encontramos que los individuos conocen la verdadera motivación para correr máscaras. Israel González lleva años corriendo y nos dice que *"el propósito de correr máscara es visitar amistades, saludar y pasar el 28 como un día especial, para mí, de Navidad. Eso solamente lo quita Dios"*. Alejandro (Papo) López, líder de grupo, me indicó que todo tiene que ver con la *"mascarología, o la ciencia que estudia las máscaras, que no es otra cosa que la unión de la familia"*. Según Wanda Candelaria, *"las máscaras llevan tiempo, lo que se transmite… se transmite el salir a correr, no la razón de los soldados de Herodes. El corredor joven, ahora dice: papi corría, mi abuelo corría, me gusta"*. El maestro Norberto Ruiz nos explica que *"eso ha evolucionado. Ya la cuestión de rememorar los soldados de Herodes quedó atrás. Si se quiere saber sobre el origen está bien, pero lo que hay ahora es otra cosa"*.

Sobre el significado del mito en las máscaras hice hincapié en toda la etnografía para saber, desde el punto de vista de los actores, si eran soldados de Herodes. Nunca, nunca, una máscara me expresó que él corría porque eran los soldados de Herodes. Solamente cuando la pregunta era: ¿Qué son las máscaras?, surgía el relato del mito, pero ante la pregunta siempre presente en mi investigación a todas las máscaras de ¿por qué tú corres máscara?, nunca me contestaron a base del mito, sino del potlatch; i.e.:

- Disfrutas el día. Es el día de nosotros, las máscaras, correr…

- Mañana rezamos temprano, salimos a visitar amigos, brincar… eso es, desahogarnos… Lo que no hacemos durante el año, mañana lo hacemos; brincamos, pataleamos (…) es la despedida de año.
- Bromas a parientes cercanos, amigos, compartir un orgullo, orgullo de ser hatillano.

Y así puedo citar cientos de testimonios, pero pienso que el siguiente diálogo entre los miembros de la fratría Los Inocentes lo resume mejor. Leonardo que trabaja en una fábrica de zapatos y lleva años corriendo máscara dice:

"Porque se goza y estamos siempre unidos en familia. Cuando uno está con la familia de uno y, entre ellos, vacilamos, gozamos y hacemos la comidita entre familia, asamos el lechón."

Pregunta: ¿Eso para ti, es correr máscara?

- "Sí, eso para mí es correr máscara."

Pregunta: ¿Cuántos años llevas con Los Inocentes?

-"Llevo años corriendo máscara. Con este grupo, aquí me quedo porque son buenos amigos, buenos hermanos y todo el que sale en este grupo es hermano y amigo mío."

Pregunta: ¿Qué es correr máscara?

Quito dice: *-"Tienes que salir con Los Inocentes para que sepas lo que es correr máscaras."*

Leo añade: *"Correr máscaras no es un día (…) el 28 de diciembre (…) correr máscara es desde mucho tiempo que estamos bregando en esto. Al principio empiezan a pedir chavos y uno (…) como que se enfogona; pero ¿para qué?, pues para esto [señala el jeep] y aquí está, aquí se ve la prueba."*

Quito dice: *"Tenemos un grupo que en Hatillo, hasta ahora, es el número uno. No he visto otro; si lo hay, pues compartimos (…)*

Todos tenemos el mismo pensamiento que es mantener la tradición de Hatillo que es las Máscaras de Hatillo, y aunque la Policía de Puerto Rico está un poquito en contra … ha tratado de interferir … esta tradición nunca se va a acabar. Vamos a seguir hacia delante.

(Pipe, el líder, pasa e interrumpe con un coco lleno de cañita que nos ofrece).

Quito se alegra: *"Y es contra la ley… tradición."*

(Leo intenta entrevistar a Rolly, que huía de la cámara de vídeo). Pregunta de Quito a Rolly:

-¿Por qué te gustan las máscaras?

Rolly: -*"Yo las llevo en el corazón. Se puede decir que las máscaras es lo mejor del mundo. Eso es maravilloso, que lo diga Pipi* [Pipe, el líder].

En eso llega la esposa de Pipe, con su bebé.

-*"Esta es la bebé mía, muchachos"*, dice Pipe con orgullo.

La beba tenía tres cruces rojas en el rostro y estaba vestida de máscara (era el Día de los Inocentes). Acto seguido, bajan hacia el patio trasero, donde nos encontrábamos, una trulla de músicos con guitarras, cuatro y güiro cantando música típica. El coro decía *"Dentro de un pajar un niño nació"*. Todo esto sucedía mientras Guelo, el cocinero, preparaba la gandinga y asaba el lechón a pocos pasos, bajo un almendro. Leo pone más carbón y se escucha un gallo cantar triunfante. Pipe señala a otro presente, a Eddie, y proclama que es de las mejores máscaras de Hatillo.

Pregunta a Eddie: ¿Por qué tú corres máscara?

-*"Eso hay que sentirlo, se lleva en la sangre, hay que sentirlo de verdad."*

La pregunta es: ¿qué pasa con los soldados de Herodes? Yo opino que están aún presentes en el Centro Cultural de Hatillo, la prensa del país, los folkloristas y todos los representantes de la cultura dominante, pero en aquel patio trasero con suelo de tierra, donde se compartía cañita con amigos y familiares, no estaban … había máscaras.

Dice Delgado Plasencia (1998) en su libro: "El origen de las máscaras nunca se discutía, excepto el concepto genérico de ser una fiesta de los isleños. La explicación de que las máscaras son los soldados enviados por Herodes para asesinar a los niños, nunca, pero que nunca, fue difundida o relatada en mi familia (p. 418).

Aparentemente, los que insisten en que las máscaras son los soldados de Herodes son los que no corren máscaras y todos los que analizan o escriben sobre la tradición desde un punto de vista folklorista, i.e., registrando las manifestaciones de la cultura popular como estáticas y perennes. A las máscaras les importa poco lo que se piense de sus acciones; ellos disfrutan del potlatch.

El Potlatch: resistencia e identidad

El potlatch en Hatillo es una reacción al capitalismo-corporativo-industrial. Es la búsqueda y preservación de lo comunal, de lo que se comparte, contrario a la individualidad y lo impersonal de la competencia utilitaria que enfatizan los sectores económicos que representan las grandes corporaciones.

La agricultura y la ganadería de Hatillo se organizan mayormente en pequeñas unidades de producción. Son actividades que requieren una mayor participación de las personas en los procesos de ordeño y siembra. En estas ganaderías pequeñas y sembrados no muy extensos, el hombre trabaja vinculado a la tierra e integrando diferentes fases de la actividad económica, i.g., se reciben vacas, se vacunan las bestias, se ordeñan, se busca el área de pastoreo, se siembra para pastos y frutos, se abona el terreno, se usan y reparan vehículos, se cosecha, se reparte y empaqueta la cosecha, entre otras muchas más actividades cotidianas. Las horas de trabajo y descanso las determina el sol, las condiciones climatológicas y los suelos. Hay tiempos determinados para nacer, crecer, para criar, para sembrar y cosechar. Cada persona en una unidad agrícola-ganadera desempeña varias labores y entre todos se conocen, lo que permite un mayor grado de familiaridad durante el evento del potlatch. El dueño, el terrateniente o el ganadero, permite una condición de igualdad el 28 de diciembre, ya que en su fratría colaboran, durante la mayor parte del año, casi todos los que trabajan en su unidad agrícola.

No es así en la industria y su línea de producción en masa, donde el conglomerado de personas en las diferentes estructuras de la actividad económica queda fragmentado y aislado por la división sistemática del trabajo, donde todo es impersonal y donde el tiempo adquiere un valor mecánico, donde la eficacia y la productividad son dictadas por un ente jurídico sin cuerpo o masa: la corporación (muchas veces extranjera). El evento hatillano es una respuesta a eso.

La élite dominante que representa e impone el orden de los valores capitalistas-corporativos-industriales-coloniales y de consumo (toda una constelación de valores económicos y políticos que reproducen el poder dominante), intenta controlar el potlatch para oficializarlo, sacarlo de su dimensión de resistencia y convertirlo en un producto generador de ganancias, de acuerdo a sus intereses. Desgraciadamente, dentro de este sector dominante hay muchas personas que no tienen ese objetivo en mente, sino el de preservar la cultura, pero que al desconocer la perspectiva antropológica del evento, sólo pueden hacerlo a base de la cosmovisión que los impregna.

Del potlatch emana una relación de poder que se enfrenta al poder de élites políticas, económicas y coloniales. Dice González Alcantud (1990) que los rituales de inversión y agresión simbólica son:

> (...) tendientes a restituir la dignidad del grupo, en la línea del status (...) el poder político, sobre todo cuando éste no coincide cartográficamente con una facción de las propias élites, sobre todo culturales y económicas. Recordemos al respecto que la cultura se ha convertido en las sociedades de capitalismo avanzado en un sector estratégicamente importantísimo (...) la cultura se ha convertido en el vehículo preferente de resistencia política informal, de ahí el interés de la élite política por controlar las organizaciones formales (p. 189)

En el contexto colonial, este control de las organizaciones culturales es aún mayor, pues es vital para el poder dominante evitar que se reproduzca la diferencia entre ellos y el «otro colonizado». En Puerto Rico los partidos políticos en el poder han controlado el Instituto de

Cultura Puertorriqueña, intentado controlar la Universidad de Puerto Rico y toda agencia o institución que pueda reproducir la diferencia cultural a fortalecer la identidad boricua. Esa agenda oficialista tiene medios y poder para lograr sus propósitos. Esta lucha entre el poder dominante (cultura de élite) y la cultura popular se evidencia en los conflictos y contradicciones que manifiestan los hatillanos en el potlatch.

Los conflictos se remiten a muchos estadios significativos que no sólo incluyen la entidad política, sino ontologías de agricultura y el campo, la tradición y la cultura, lo puertorriqueño ante lo gringo. Estos conflictos fortalecen la identidad porque plantean en forma explícita o simbólica la diferencia ante el «otro» o «lo cultural del otro». En los símbolos de identidad se reflejan códigos de la historia como pueblo, de lo religioso criollizado, de la lucha transcultural, de la pertenencia geográfica y otros que, por la creatividad del hombre - en este caso, la máscara-, se ostentan en sus trajes y monturas.

Sobre la identidad en la historia, la ideología y geografía, dice Ricardo Sanmartín (1993):

> Su coherencia y continuidad exige de cada actor social un continuado esfuerzo de traducción, de recapitulación, de cohonestación de su memoria y su presente, de sus cambiantes situaciones, teniendo que hacer frente a las múltiples tensiones que derivan del deseo de unidad, de la necesidad de ser y ser en sociedad, de ser con otros y frente a otros que se encuentran en la misma dilémica situación, con quienes compartimos una similar competencia por los recursos, tanto como una memoria colectiva acogida y evocada por un rico conjunto de símbolos cargados de valor por la historia y la praxis cotidiana (…)
>
> La búsqueda de la identidad cultural que emprenden los actores depende no sólo de la orientación que su historia compartida les ofrece, enraizándolos en el tiempo y el espacio, sino también de sus objetivos, del "para qué" de su pregunta, y esa es una cuestión que nuevamente varía según sea el horizonte vital en el que los actores se cuestionen a sí mismos, y que a ellos correspondería responder (…) (p. 9).

El trabajo agrícola es una actividad de participación social que permite mantener valores que nuestra sociedad tiene en alta estima. Dice Eugenio Fernández Menéndez (1980), en relación al desarrollo industrial de Puerto Rico que:

> El siglo XX que yo divido en dos períodos o momentos históricos: antes y después del desarrollo industrial y urbano de las últimas cuatro décadas. Es en este último período histórico-cultural que se plantea y agudiza, ante el pueblo puertorriqueño, el problema de la pérdida de su identidad; del abandono de sus raíces humanistas y cristianas (…). (p. 133).

> El proceso histórico de los últimos cuatro siglos nos ha llevado a alejarnos cada vez más de una filosofía integral de la persona humana. El triunfo de la secularización de los valores humanos y la preponderante fuerza en nuestro mundo del poderío industrial y comercial, nos ha llevado a perder de vista, que el hombre no es simplemente un individuo y que las comunidades no son meramente muchedumbres. (p. 244).

Aunque el autor se refiere a la sociedad puertorriqueña en general, establecemos que Hatillo es un microcosmos de la misma y que el proceso de progreso industrial y sus consecuencias que denuncia, ha impactado la región de Hatillo también. La diferencia estriba en que los hatillanos han tenido una respuesta a ese progreso que ha alterado muchos de los fundamentos de nuestra vivencia colectiva: un potlatch. Esta fiesta comunal les permite, a base de la comunión grupal, de la catarsis, el frenesí y el don, aunque una vez al año, liberar tensiones basadas en la desigualdad socio-económica y vivir los valores y tradiciones característicos de las comunidades agrícolas.

Las máscaras de Hatillo es un potlatch puertorriqueño que se ha creado tomando como base las tradiciones religiosas-cristianas de la Navidad, la mascarada y el festival saturnal y se ha enriquecido con la apropiación cultural de la tecnología a partir de la década del cincuenta. Ya establecí que en esa época hubo una concatenación de factores económicos y sociales que alimentaron el potlatch. La festividad ha crecido con el desarrollo de la industria agrícola-ganadera, lo que le ha permitido mantener su esencia agrícola-comunal-primitiva. El proceso de innovación y de apropiación cultural de las máscaras ha facilitado mantener la festividad viva, cambiante y en crecimiento.

Símbolos de resistencia, identidad y festividad en el potlatch

Dice Mario Trevi (1996) en su trabajo *Metáforas del símbolo* que el símbolo social de resistencia implica una actitud de cambio de la realidad vivida y que anticipa un ideal: Para el autor, el símbolo es la única vía para que el individuo se rehaga de la mortificante presión de la adaptación, o, mejor aún, es la única vía que le prepara un auténtico rehacerse.

El símbolo es un registro que recoge en un solo código muchos significados surgidos de eventos humanos en un significante sintetizador que se acepta y no se cuestiona. El símbolo se vive, da fuerza e identidad, plantea una aspiración basada en la práctica vivencial a través de generaciones o de siglos.

En Hatillo, los símbolos no solo proyectan el sentir de las máscaras, sino el de toda la sociedad puertorriqueña. Ya he presentado la contradicción entre el campo y el pueblo, el afán de las autoridades oficiales de reducir el campo al poblado tal y como las autoridades oficiales y eclesiásticas lo pidieron durante siglos y que, hoy, se refleja en el afán de la reglamentación. En el potlatch, uno de los símbolos vivientes más importantes para resaltar la tradición del campo es la máscara a caballo. De igual forma, la música típica simboliza lo mismo.

La transculturación de la tradición por el impacto de los iconos de la cultura fantasiosa de Estados Unidos, que cifra sus proyectos vivenciales en iconos falsos, i.e., superhombres, animalitos con personalidad humana, fantasmas del imaginario gringo, poderes inexistentes, y todo lo enajenante de su cultura de consumo, también se refleja a modo de lucha y resistencia en el potlatch. En este aspecto, y a modo de contradicción, el Centro Cultural insiste en diseños (símbolos) que re-encanten la tradición, pero ese debate se da constantemente entre las mojigangas. Me decía un corredor que en 1993, año que corrió máscaras por primera vez, el traje de la comparsa tenía un Mickey Mouse pero que, después de haber diseñado el manto, decidieron que eso no era tradición, así que le cortaron la cabeza al icono y escribieron *"Coge Mickey Mouse"*.

Estando filmando en el cruce de Lechuga un 28 de diciembre, llegó una mojiganga que traía un muñeco de peluche muy grande que era Mickey Mouse y se llamaban «La Muerte de Mickey Mouse».

Tenían un ataúd en el cual metían el muñeco y le saltaban encima. Tiraban el muñeco al aire y luego todos lo pateaban y bailaban triunfantes alrededor del icono. Me informó Armando, una de las máscaras:

> -*"Soy de Hato Arriba* [barrio]. *No queremos romper la tradición de las máscaras. El 28 de diciembre, como están haciendo tantos muñecos y tantos diseños que no son de aquí, de Puerto Rico... Tienen que hacer tradición ... como máscaras, güiros ... como nosotros máscaras ... ¿Tú ves eso?* [señalando hacia una carroza que pasaba al lado con diseños de un ganso de las caricaturas gringas] ... *los muñecos que tú ves ahí, eso no va, eso no va ... aquí los llevamos a ellos, a la tumba ... usted quiere pasar por aquí para que la vea* [me condujo hasta la carroza, donde tenían varios muñecos de peluche ahorcados y dentro de un ataúd] *Aquí llevamos los muñecos ... y por la noche, ¡quemarlos!"*

Entre los símbolos se recrea la historia económica y política de Puerto Rico, las raíces étnicas que han construido nuestro ser cultural para valorarlo en un proyecto imaginario de sociedad. Los iconos de la religiosidad popular, del mito y de la geografía, se reproducen en cada manto, carroza o jeep que participa en el potlatch. Los eventos de la historia inmediata, la contradicción colonial y las aspiraciones políticas que alegran a unos y otros.

El contrabando y la desobediencia, lo profano a las ideas dominantes y, por supuesto, el orgullo hatillano. Todo esto marcado por un estío festivo de comunidad, pues el potlatch es también unidad en la diversidad. La creatividad del símbolo parece ser infinita cuando se es testigo de esta fiesta, que entre el orden dominante y lo litúrgico popular, es una Fiesta de Locos.

CAPÍTULO VIII

Conclusión

Muchas cosas se pueden concluir, pero no creo necesario ir al detalle sobre todas ellas, porque en cada capítulo he hecho gran parte de las mismas. Hemos aprendido cómo la base material de la economía hatillana ha permitido la creación de lo que se considera una tradición. El desarrollo del uso de tierras en la región, con su resultante ímpetu en la industria lechera, ha producido una economía pujante con empleos y bienes y servicios circulantes que, a su vez, han generado un grado de nivel adquisitivo favorable para sostener el crecimiento y masificación de una tradición cultural así.

En el estudio de la cultura popular se debe unir la razón científica, la rigurosidad de la investigación hermenéutica y la interpretación en un corpus cognitivo sobre cualquier manifestación de la cultura popular, intentando siempre que este conocimiento surja desde «el otro» o bajo el enfoque "emic". He abordado el tema sin ideas preconcebidas e intento cerrar el trabajo sin adscripciones teóricas definitivas que correspondan a una u otra escuela antropológica. Debe ser un estudio integrado, donde las fuerzas de las verdades enunciadas pueden remitirse libremente hacia los presupuestos teóricos que les den sentido de vida; sentido de ser reales y no planteamientos de interpretaciones "etic" o pre-juicios asumidos. En otras palabras, he querido hacer que la teoría y la práctica se enriquezcan en forma dialéctica y, en este caso, que la síntesis entre lo evidente y lo oculto ilustre las verdades del potlatch hatillano. Obviamente en los estudios de la cultura y en el proceso etnográfico, el antropólogo que intenta vivir los significados de los sujetos y que participa de los mismos desarrolla un conocimiento muy profundo de las motivaciones de éstos, que inciden en sus juicios sobre las manifestaciones culturales que estudia. En mi caso las contradicciones que se expresan por la cultura dominante o por organismos oficiales del poder respecto a que son las máscaras de Hatillo, me reafirma en mi conclusión de que mucho de lo que se dice o publica sobre las mismas, esta basado en una ignorancia crasa de la realidad vivencial de tantas personas hermosas, alegres y llenas de valores comunitarios.

El mito que dio origen a las máscaras y que aún se presenta como exégesis racional a sus actos, ha sido transformado, ajustado y reinterpretado para satisfacer nuevas necesidades sociales, especialmente en el communitas; dentro de una ideología capitalista de consumo e individualismo, no-integral socialmente, que propulsa la élite dominante del resto de la sociedad en la cual está enmarcada esta tradición.

El mito anquilosado expresa un origen en su descripción. Pero el mito es lo que explica y está presente. Su reinterpretación se basa en su esencia: la vida en la muerte. Por eso correr máscaras es sagrado. Es mucho lo que expresan los actores en esta línea de pensamiento. Ya no son soldados de Herodes persiguiendo niños, mito representativo del triunfo del bien sobre el mal; ahora son el verbo del mito: hacer bien, compartir y compartir aún en la muerte.

El potlatch se ha convertido en la vida sobre la muerte del humanismo que representa el capitalismo histórico-social-real de la sociedad de consumo. Los símbolos y rituales que en el mismo se expresan, reclaman en su mayoría aspiraciones de una sociedad más comunal, del orgullo hatillano; la identidad en la historia y aun en el conflicto, pues en el conflicto afloran los códigos significantes de la identidad individual y colectiva.

El potlatch hatillano pone en evidencia la fisura entre el entendimiento de una cultura dominante sobre la cultura popular. Desgraciadamente, gran parte de los investigadores sociales que estudian las manifestaciones culturales de otros grupos humanos lo hacen a través de parámetros aprendidos que fortalecen los criterios de una cultura dominante. Es una cultura elitista, que han internalizado como representativa de toda la sociedad y que sirve de modelo para prejuzgar el comportamiento creado de grupos o individuos. La interpretación de producciones sociales que no se ajusten al esquema elitista puede catalogarlas de inferiores, incultas o populares; como una expresión peyorativa de lo vulgar.

La sociedad puertorriqueña está organizada de acuerdo a estructuras capitalistas y de dependencia. La base económica se fundamenta en la competencia, el individualismo, la libre empresa y acumulación de capital. La planificación de la economía responde a las necesidades del mercado estadounidense. Esta forma de organización social ha producido unos factores objetivos que determinan la cosmo-organización-síquica del pueblo. Se han desarrollado núcleos de gran poder decisional sobre la vida socio-cultural que usan los medios de difusión social e intervienen en el ordenamiento jurídico para mantener su hegemonía. De esta forma, todos los habitantes debidamente impregnados, justificarán el orden establecido.

Entre las actitudes que se han desarrollado en el pueblo están la jerarquización y categorización de todas las cosas, incluido el pensamiento, para poder entender y controlar situaciones de todo origen. Son posturas idealistas, que permiten definir los paradigmas entre delineamientos fijos, i.e., negro-blanco, superior-inferior, clásico-popular. Este enfoque dicotomizante no permite la libre integración de variables que afectan los procesos creativos; se impone sobre la evolución del comportamiento y se convierte en una barrera mental que separa las clases sociales. La interpretación de la cultura no escapa a estas dicotomías autoritarias.

El énfasis que he dado a este aspecto del conflicto entre dos posturas intelectuales-ideológicas, no es un mero accidente. Desde un principio establecí que una investigación cultural puede ser un mero ejercicio intelectual, una masturbación narcisista para prestigio académico o ser un vehículo con contenido de cambio; un escrito comunicativo con intención de llegar a tocar el conflicto y generar la reflexión no solamente entre iguales, sino en los actores y el resto de la sociedad. Para eso es importante conocernos y conocer a ese otro entre nosotros, buscar la armonía y aprender los unos de los otros. El pensamiento dicotomizante es proclive a los cotos, las fronteras, las categorizaciones enajenantes; no busca la armonía o la unidad en la diferencia.

La cultura popular recoge las respuestas creadas por el pueblo para solucionar los problemas que surgen de su cotidianeidad. No es una cultura para mantener una posición de privilegio, sino para vivir en armonía con el entorno. Hay situaciones en que la cultura popular puede ser un reto a las estructuras de poder y/o a sus instituciones, especialmente cuando los patrones del comportamiento dominante no llenan las expectativas mínimas de la población o de un grupo en particular. El escritor Eduardo Galeano (1987) dice que "La cultura popular, que vive en los campos y las calles, es siempre una opinión no especializada. Algunos intelectuales la miran por encima del hombro, pero las dictaduras no se equivocan cuando las prohíben. (p. 96).

Las élites dominantes no escatimarán en sus esfuerzos para contener, neutralizar o eliminar manifestaciones populares que puedan quebrar su hegemonía. Una de las formas que usa el poder dominante es la folklorización de aquellos aspectos de la cultura popular que presentan conflictos y alternativas a los mismos. Por eso, si Hatillo ha creado un potlatch que resiste los valores del consumo, de la globalización y del neo-liberalismo económico, la intención será desvirtuarlo e incorporar esa energía a sus propios intereses. El análisis descriptivo-folklórico no produce significados, no revela lo contestatario de los símbolos o de los códigos lingüísticos. Se puede manejar al antojo para reproducir el poder. Decía Antonio Gramsci (1982):

> Se puede decir que hasta ahora el folklore se ha estudiado sobre todo como elemento "pintoresco" (…) Habrá que estudiar el folklore, en cambio, como "concepción del mundo y de la vida" implícita en gran medida, de determinados estratos (…) con las concepciones del mundo "oficiales" (…) No se puede entender el folklore más que como un reflejo de las condiciones de vida cultural del pueblo, aunque algunas concepciones propias del folklore se prolonguen incluso después de que las condiciones han sido (o parecen) cambiadas, dando incluso lugar a combinaciones extravagantes. No hay duda de que existe una "religión del pueblo" (…) así también es verdad que existe una "moral del pueblo" (…) que son mucho más fuertes, tenaces y eficaces que los de la "moral oficial"… (p. 488)

En el ensayo *Cultura puertorriqueña: imposición y creación* (Santiago 1991) establezco que la folklorización es un término que usamos al referirnos a la cultura popular. El problema que surge al definirse lo que es folklore es que, por lo general, un grupo elitista hace tal categorización.

Se convierte en una apropiación de bienes culturales que presenta al folklore como nativismo o tradicionalismo estático, sin renovación, o como un conjunto de estereotipos y mitos sobre el quehacer popular. En el proceso de folklorización, la élite selecciona comportamientos que restan credibilidad a sus patrones de dominio y los trae a sus esquemas, pero no los integra, enquistándolos y presentándolos al pueblo como parte de su acervo cultural, pero sin impregnarse con dichas manifestaciones. Las producciones sociales seleccionadas son colocadas fuera de su contexto real, perdiendo el sentido originario y convirtiéndose en artículos de venta o para promover el turismo. A manera de ejemplo, las máscaras de otros pueblos de la isla: Loíza y Ponce y las de Hatillo no han sido para venderse, sino para vivirse. La máscara, en sus dimensiones de ser u objeto ritual, antes o ahora, en Puerto Rico o en otra nación, establece un vínculo entre el grupo y su cosmogonía, cosmología y el entorno presente.

El sistema capitalista corporativo y las agencias de publicidad son razón e instrumento para el dominio económico y cultural. De la simbiosis entre estos dos vectores ha surgido la sinergística y poderosa cultura globalizante: la cultura de consumo o cultura del neoliberalismo.

La cultura de consumo es una invención del complejo capitalista-corporativo-industrial-militar que, haciendo uso de la tecnología, medios de difusión social, la publicidad y el mercadeo, impone la aculturación o transculturación de consumo para servir sus intereses económicos. Es una cultura que visualiza al pueblo o a los grupos no como entidades sociales, sino como conglomerados de partículas compradoras. Parte de las características comunes de la cultura de consumo o de masas son:

- Reproducir y sostener el sistema.
- Toma manifestaciones de la cultura popular, las desarraiga, mistifica y pone a producir dinero.
- Aísla al hombre de sus iguales, limita su interacción y quiebra la solidaridad social.
- Convierte al hombre en cosa receptiva y pasiva.

Pero lo más importante es el imaginario que le transmite al individuo y al grupo de qué hacer, cómo, dónde, cuándo y por qué de sus manifestaciones controladas y dirigidas a satisfacer los intereses de la cultura dominante corporativa y el mercado de consumo. Si la cultura responde a las necesidades del hombre, es la cultura de masas la que determina, y en muchos casos crea, esas necesidades mediante técnicas apoyadas por estudios de psicología individual y grupal, y la sociología y la antropología aplicada a estudios de mercado.

Las corporaciones de mercadeo y agencias de publicidad funcionan con estrategias muy científicas y calculadas. La intención de estas técnicas de ventas se reducen a crearle la necesidad a una persona o grupo para que, desde sí misma o desde la perspectiva grupal, surja la "decisión libre" de adquirir el bien o servicio que se les promueve.

En otras palabras, que la persona o grupo piense que la mejor decisión de su vida sería emplear sus recursos económicos para adquirir un producto o un servicio para vivir los valores que el propio sistema comunicativo de la cultura del capitalismo consumista ha generado a través de los medios de comunicación masiva y todas las demás instituciones sociales, i.e. económicas, religiosas, educativas, etc.

Dice Ortega Gutiérrez (1996) en su ensayo sobre la cultura de masas, que:

> Tales influencias tienen que ver con el papel que los medios desempeñan en la construcción de imágenes de la sociedad. Las comunicaciones tienden a influir sobre todo la forma cómo el sujeto organiza su propia imagen del entorno que le rodea. El principal efecto es cognoscitivo, ya que la comunicación de masas proporciona al sujeto sus principales esquemas de conocimiento. Este enfoque supone centrarse en la comunicación como proceso de significación, un proceso en el que se va construyendo la realidad social. Los medios están, por tanto, elaborando permanentemente conocimientos, que se convierten en la cultura global de la sociedad, así como en los repertorios cognoscitivos individuales. Esta consecuencia latente la pueden conseguir los medios en virtud de tres rasgos que les caracterizan: la acumulación (la repetitividad de los mensajes), la consonancia (los elementos comunes suelen ser más relevantes que los diferentes) y la omnipresencia (acción permanente de los medios en los espacios públicos) (Wolf, 1987: 162). Desde esta perspectiva, el análisis de la comunicación de masas enlaza directamente con la Sociología del conocimiento y de la cultura. (p. 90)

Estas influencias cognoscitivas pueden observarse en la forma que las agencias de publicidad usan las fiestas tradicionales, el deporte y eventos artísticos para iniciar a la juventud en el uso de drogas legalizadas como son el alcohol y la nicotina (cigarrillo) mediante la asociación de símbolos nacionales, música y arte que reflejan nuestra identidad como pueblo. De igual forma, se venden los candidatos políticos, automóviles y miles de productos más.

Muchas cosas no podrán corregirse y seguirán funcionando con diferente efectividad, pero es importante desarrollar conciencia sobre el valor y orgullo de la cultura popular para colocarla en el sitial de honor que le corresponde: como alta, culta y original expresión de nuestro ser colectivo. Hay que incrementar la investigación sobre el comportamiento y personalidad del pueblo con una perspectiva de tiempo incesante -de lo pasado a lo contemporáneo- porque es una creación que no se detiene. El estudio de la cultura popular debe buscar las formas de análisis y modelos que correspondan la realidad caribeña; con un estilo original; parámetros y óptica fundamentados en orgullo y autoestima.

Dice el antropólogo Jas Reuter (1987) que: *"estudiar y apoyar en lo posible a la cultura popular - la cultura de un pueblo- no es un pasatiempo, es un compromiso moral. (p. 92)*

En cuanto al potlatch, he demostrado que todos los requisitos para configurar el concepto están presentes en las máscaras de Hatillo. Su cosmovisión rinde varios servicios a necesidades materiales y espirituales de la región, reforzando la economía: intercambio de bienes y servicios mediante la moneda, pero siendo un dique de resistencia a la desintegración del hombre comunal que promulga el sistema. El potlatch hatillano, como hemos visto, permite sacar al consciente colectivo los conflictos y contradicciones de nuestra sociedad pero, a la vez, permite su resolución mediante la confrontación simbólica.

En el mismo hay dos dones: prestigio y máscara. El prestigio está en donar y destruir sin esperar nada a cambio. El que espere algo como pago a una deuda, queda desprestigiado. El don coloca en el otro el prestigio del donante y, el otro, lleva ese prestigio a los demás. En Hatillo no hay objetos religiosos (de cual o tal corporación religiosa: iglesia; y su ideología interpretativa del cristianismo). El potlatch es sagrado en sí; el hombre en su alegría y compartir es sagrado; la identidad es sagrada; porque eso es lo que se comparte y humaniza en communitas.

De acuerdo a lo expresado por los actores en el potlatch, sugiero el siguiente esquema:

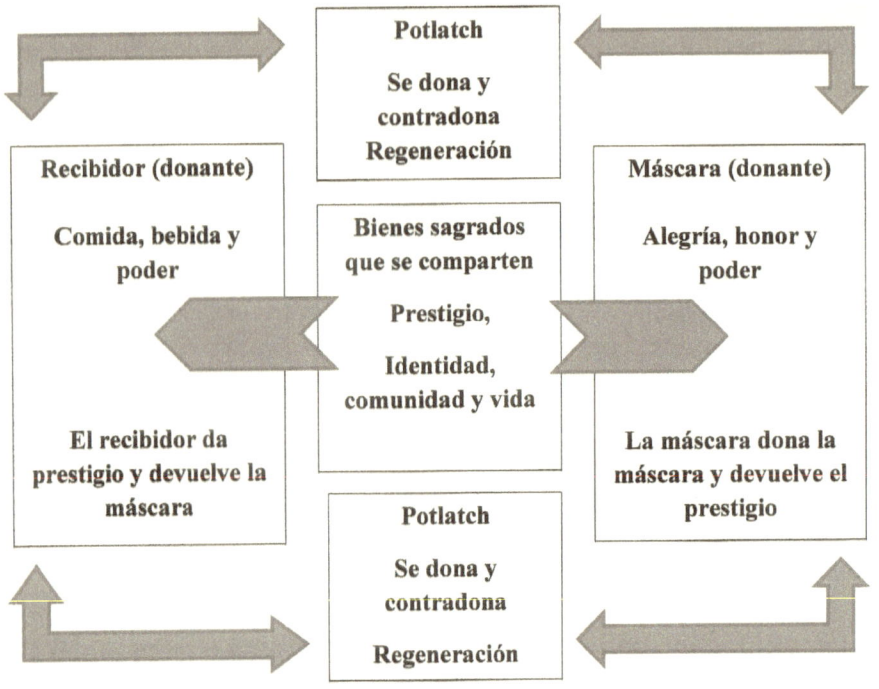

El potlatch se organiza todo el año, lo que determina una forma de vivir, pues en Hatillo mucho de lo que se hace o el modo en que se establecen las relaciones sociales, las actividades festivas y los conflictos que surgen, van en función al 28 de diciembre de cada año. Por eso, el don y el contra-don (que es donar también) se renuevan, como la vida en la naturaleza y en la agricultura.

La cultura encubierta para las festividades del 28 de diciembre en Hatillo es el potlatch. La motivación de la máscara para correr es compartir, visitar, saludar, ostentar, competir en armonía y regenerar lazos familiares y entre amistades para el comienzo de un nuevo año.

El potlatch es algo tan significativo en sus vidas que no escatiman en gastos, esfuerzos e inversión de hombres/hora para hacer de cada 28 de diciembre un exitoso evento comunal. La organización del potlatch y su componente mascaralógico están altamente estructurados a base de códigos de ética, códigos de la máscara «ser máscara», secretividad, rituales y cofradías; todo esto matizado por una visión de que correr máscara es una manifestación sagrada. Esta sagradocidad de correr máscara no está competida con el cristianismo, sino que su carga emocional les sirve de apoyo para la comunión grupal y tiene la fuerza suficiente para su abandono ser ofrecido a Dios como sacrificio.

El potlatch es la festividad comunal que unifica la religiosidad popular del Día de los Inocentes, el carnaval saturnal y el espíritu de la Navidad. A través del potlatch, el pueblo puede vivir los valores que permanecieron en la psiquis colectiva en áreas agrícolas de nuestra isla, especialmente aquellos que conservaron, entre otros, la diáspora canaria. Los preceptos de dar comida al hambriento y de beber al sediento, compartir la riqueza, la inversión social del Obispillo, el igualitarismo de la máscara, son valores que pueden vivirse en este potlatch.

El espíritu de esta fiesta comunal ha permanecido en los barrios de Hatillo debido a una constante apropiación cultural que hace el pueblo de la tecnología, para no dejar estática la tradición. Ya no son solo los caballos que se adornan, también son los vehículos de motor con lo mejor de los adelantos modernos en mecánica y electrónica. El anfitrión no recibe en una caseta, sino en una moderna casa de urbanización o residencia en los campos. El evento es una creación popular viva, de constante movimiento y cambio que se ha convertido en algo único en nuestra isla.

Lo que ocurre en Hatillo no es algo que se celebre en otro lugar. Tampoco es el mito de los soldados de Herodes, ni siquiera algo como lo que hacían las familias de descendencia canaria. Es una manifestación cultural que, partiendo de esos orígenes, se ha transformado en otra cosa diferente. Lo geográfico-cultural y mitológico se ha criollizado, ha perdido sus significados anteriores en una reinterpretación constante, de cambio, para servir a las nuevas necesidades físicas y espirituales del entorno geográfico y humano. Por eso puedo decir que las Máscaras son una manifestación cultural puertorriqueña. Los símbolos, los códigos lingüísticos, los rituales y la reinterpretación del mito solo corresponden a la realidad vivencial de los puertorriqueños.

Es importante reconocer que este proceso de cambio es constante. Si la realidad material y cultural cambiara en la isla, también cambiará el potlatch; además, habrá siempre una dependencia entre la fuerza de la cultura dominante y la cultura popular. Hasta qué punto y en qué grado de intensidad cada dimensión cultural sea preponderante, también habrá cambios.

Pero hasta hoy, digo que las Máscaras de Hatillo en un potlatch puertorriqueño y caribaño, todos sus elementos y características lo señalan así.

REFERENCIAS

ABBAD Y LASSIERRA, A. Í. (1979). *Historia geográfica, civil y natural de la isla de San Juan Bautista de Puerto Rico.* Puerto Rico: Editorial Universitaria de la Universidad de Puerto Rico.

ALONSO, M. (1988). *El Gíbaro.* Puerto Rico: Instituto de Cultura Puertorriqueña.

DEL ARCO, E. (1994). *España: Fiesta y Rito, Fiestas de Invierno.* (Vol. I). Madrid: Ediciones Merino.

BAJTIN, M. (1995). La cultura en la Edad Media y en el Renacimiento. El contexto de François Rabelais. (4ª ed.). Madrid: Alianza Universidad.

CARO BAROJA, J. (1965). *El carnaval (análisis sociocultural).* Madrid: Ediciones Torres.

CHEVALIER, J. (1988). *Diccionario de los símbolos.* Barcelona: Editorial Herden.

CIFRE DE LOUBRIEL, E. (1964). *La inmigración a Puerto Rico durante el siglo XIX.* Puerto Rico: Instituto de Cultura Puertorriqueña.

DUGAS, C. (1991). Grelots, paillettes et frénésie, Hatillo: un jour en enfer. *Ulysses international, deuxine semestre,* (5), 28-31

DÁVILA, A.
-(27 de agosto de 1994). Corrientes de espiritualidad en el siglo XIX. *El Visitante de Puerto Rico,* pp. 6-7.
-(3 de septiembre de 1994). Imaginería popular de Puerto Rico. *El Visitante de Puerto Rico,* pp. 10-11.

DELGADO PLASENCIA. E. (1998). *Parientes isleños, hatillanos, lejanos y cercanos,* publicación y venta personal del autor.

HEERS, J. (1988). *Carnavales y Fiestas de Locos.* Barcelona: Ediciones Península.

FERNÁNDEZ GÓMEZ y HURTADO RODRÍGUEZ. (1992). La máscara a través del tiempo, su significado cultural. *Revista de Arqueología,* XII(131), p. 39.

GALEANO E. (1987). *Literatura popular en América latina, 10 errores o mentiras frecuentes.* México (5ᵗᵃ ed.). México: Cultura Popular, La red de Jonás.

GALVÁN TUDELA, A. (1987). *Las fiestas populares canarias.* Santa Cruz de Tenerife: Ediciones Canarias.

GODELIER, M. (1998). *El enigma del don.* Barcelona: Ediciones Paidós Ibérica, S.A.

GÓMEZ TABANERA, J. M. (Ed) (Autor) (1968). *El folklore español.* Madrid: Instituto Español de Antropología Aplicada Ruiz Perelló, Centropress, S.A.

GONZÁLEZ ALCANTUD, J.A.

-(1990). Domesticar el ruido, producir la música. Grupos rituales y percusión, La fiesta, la ceremonia y el rito. *Universidad de Granada, Casa de Velázquez,* pp. 14-24.

-(1993). Agresión y rito y otros ensayos de antropología andaluza, *Biblioteca de Etnología, Diputación Provincial de Granada.*

-(1998). Alteridad, fiesta y carnaval. *Demófilo. Revista de Cultura Tradicional de Andalucía, 28,* Andalucía.

-(1998). Antropología y política, sobre la formación cultural del poder. Barcelona: Anthropos Editorial

GRAMSCI, A. (1992). Antología, selección, traducción y notas de Manuel Sacristán.

(12ª ed.). México: Biblioteca del Pensamiento Socialista, Siglo Veintiuno Editores.

LEDRÚ, A. P. (1957). *Viage a la isla de Puerto Rico.* Puerto Rico: Ediciones del Instituto de Literatura Puertorriqueña, Universidad de Puerto Rico.

LÉVY-STRAUSS, C. (1979). *Myth and Meaning.* New York: Schocken Books.

LÉVY-STRAUSS, C. (1987). *La vía de las máscaras.* (3ª ed.). México: Siglo XX.

LIMÓN DE ARCE, J. (1938). Hatillo del Corazón. *Arecibo Histórico,* capítulo XXXI, p. 566, Manati: Editorial Ángel Rosado.

LINTON, R. (1960). *Cultura y personalidad.* (3ª ed.). México: Fondo de Cultura Económica.

LÓPEZ CANTOS, A.

-(1990). *Fiestas y juegos en Puerto Rico (siglo XVIII).* San Juan: Centro de Estudios Avanzados de Puerto Rico y El Caribe.

-(1992). *La religiosidad popular en Puerto Rico (siglo XVIII).* San Juan: Centro de Estudios Avanzados de Puerto Rico y El Caribe.

LUGO SILVA, E. (1984). Apuntes sobre las corrientes inmigratorias en Puerto Rico, *Cuadernos de la Facultad de Humanidades (12),* Universidad de Puerto Rico

MALDONADO, L. (1975). *Religiosidad popular, nostalgia de lo mágico.* Madrid: Ediciones Cristiandad.

MONROZEAU, J. M. (1992). Una tradición y una promesa. *Mar Azul 96(14),* Centro Cultural de Hatillo.

MUNICIPIO DE TOA ALTA (1990). *Cuaderno histórico de Toa Alta,* Oficina de Relaciones Públicas, Toa Alta, Puerto Rico.

MUNICIPIO DE TOA BAJA (sin fecha). *Historia de Toa Baja,* Oficina de Relaciones Públicas, Toa Baja, Puerto Rico.

NANDA, S. (1987). *Antropología cultural.* México: Grupo Editorial Iberoamérica.

OFICINA DE REGLAMENTACIÓN DE LA INDUSTRIA LECHERA. *Informes anuales correspondientes a los años fiscales 1962-1963 a 1997-1998,* Departamento de Agricultura, Estado Libre Asociado de Puerto Rico.

ORTEGA GUTIÉRREZ, F. (1996). La cultura de masas, *Fundamentos de Sociología.* Madrid: Editorial Síntesis.

REUTER, J. (1987). Prejuicios y preguntas en torno a la cultura popular, *Cultura Popular* (5ª ed.) Mexico: La red de Jonás.

ROSARIO RIVERA, R. (1992). *Los emigrantes llegados a Puerto Rico, procedentes de Venezuela, entre 1810-1848.* Puerto Rico: La Comisión del Quinto Centenario de América y Puerto Rico, ESMACO Printer Corp.

SANTIAGO ALVAREZ, L. (1991). Cultura puertorriqueña: imposición y creación, *Contornos Caribeños 1(1),* Centro de Estudios Avanzados de Puerto Rico y el Caribe, p. 26–31.

SANTIAGO ALVAREZ, L. (2000). El ojo antropológico y la cultura popular, comunicación y representatividad: valor de la imagen, *Forum, XIII,* Universidad de Puerto Rico en Arecibo, pp. 136-147.

TALAVERA, D. (1988). *Las Palmas de Gran Canaria, todo bajo el sol.* Madrid: Novatex Ediciones, S.A.

TREVI, M. (1996). *Metáfora del símbolo.* Barcelona: Editorial Anthropos.

TURNER, V. (1988). *El Proceso Ritual.* Madrid: Taurus.

U.S. BUREAU OF THE CENSUS, (1991). Censo de 1990, resumen de las características de población y vivienda de Hatillo, Municipio de Hatillo (Puerto Rico), pp. 7, 190 y 198.

BIOGRAFÍA EXPANDIDA DEL AUTOR

El Dr. Luis F. Santiago Álvarez nació en Arecibo, Puerto Rico, en 1944.

Realizó sus estudios universitarios en la Universidad de Puerto Rico en el Departamento de Ciencias Sociales con una especialización en asuntos de la economía, la cultura, sistemas políticos y geografía de Puerto Rico.

Su experiencia laboral fue en varias corporaciones estadounidenses en las que ejerció posiciones de liderato. Fue gerente y administrador de empresas de turismo y de seguridad antes de dedicarse de lleno a la academia.

En 1985 se graduó como fotógrafo profesional en New York Institute of Photography, disciplina que ha utilizado en sus estudios antropológicos y sociales.

Su experiencia de vida lo convenció de la importancia de desarrollarse como un ser humano integral dentro de tres grandes dimensiones del ser: la física, la intelectual y la espiritual. Por eso acogió el judo como su deporte preferido para el desarrollo integral de su personalidad.

Su actividad como escritor empezó durante sus estudios de maestría en el Centro de Estudios Avanzados de Puerto Rico y el Caribe donde fundó, junto a su compañera, una revista titulada "Contornos Caribeños" de ensayos y otros trabajos creativos de estudiantes graduados y de la facultad. Su primer ensayo fue "Cultura Puertorriqueña: imposición y creación", seguido por otro ensayo sobre la reafirmación de la identidad puertorriqueña en la década del setenta en Nueva York: "El significado de la ópera Hommy".

En 1995 recibió el grado de Maestro en Artes con especialidad en Estudios Puertorriqueños y del Caribe, comenzando ese mismo año sus estudios doctorales en Madrid, España.

Trabajó como profesor de humanidades en la Universidad de Puerto Rico en Arecibo y publicó en la Revista Forum, el ensayo *El ojo antropológico y la cultura popular, comunicación y representatividad: valor de la imagen* (2000). Colaboró en dicha universidad con los estudiantes de comunicaciones como actor en sus proyectos fílmicos, aplicando el arte de la actuación aprendido en la participación como talento en comerciales de televisión en la década de los ochenta.

En 1997, el Ministerio de Educación y Cultura de España homologó sus estudios y le otorgó el título de Licenciado en Sociología.

En marzo de 2000, obtuvo su doctorado en el Programa de la Construcción de las Identidades Socioculturales del Departamento de Antropología Social de la facultad de Ciencias Políticas y Sociología, Universidad Complutense de Madrid.

Su pasión ha sido la educación como constructora de la identidad colectiva para enfrentar las desigualdades sociales y las relaciones de poder desiguales en el contexto colonial de Puerto Rico.

Actualmente se desempeña como Catedrático Asociado en la Universidad Interamericana de Puerto Rico, Recinto de Arecibo, donde ofrece cursos de Antropología Social, Historia de Puerto Rico y Derechos Humanos y Civiles.

Es miembro de la junta editora de la revista académica *Prisma* desde 2003 en la que ha publicado varios ensayos: "La salsa como operador de la identidad caribeña en la década de los setenta" (2015); "The Turner Diaries: una agenda para el Nuevo Orden Mundial" (2011); "Reflexiones sobre la enseñanza de la historia contemporánea en Puerto Rico en un contexto cultural hostil al pensamiento crítico" (2009);"La construcción del conocimiento histórico liberador a través de la investigación histórica" (2008); "Las memorias en la interpretación de hechos históricos: sucesos en Arecibo y Utuado durante la invasión militar de Estados Unidos a Puerto Rico: 1898" (2007); "Revisión de "Antropología Hermenéutica" (2005) y "La cosmovisión de los estudiantes universitarios y su rechazo al nuevo conocimiento" (2004).

También ha publicado artículos en el periódico Claridad, periódico de la independencia de Puerto Rico, sobre temas de identidad.

En el quehacer académico ha organizado "Jornadas por los Derechos Humanos y por la Paz" donde se discuten temas de desigualdad social, intolerancia por racismo, género y fundamentalismo religioso, entre otros. Es profesor consejero de la organización estudiantil Amnistía Internacional Interuniversitaria. Ha ofrecido conferencias sobre la violencia contra la mujer, la violencia de la juventud; sobre hechos históricos y las Máscaras de Hatillo. También ha sido actor en obras teatrales en el recinto universitario.

El Dr. Luis Santiago Álvarez tiene cuatro ciudadanías que las explica así: la certificación de su ciudadanía puertorriqueña que es la que atesora, la ciudadanía de Estados Unidos que se la impusieron por nacer en la colonia, la ciudadanía española que pidió y se le concedió en virtud de su abuelo gallego y, como se dice en el juego de billar, por carambola, la ciudadanía de la Unión Europea.

Este libro es su primer libro.

www.ingramcontent.com/pod-product-compliance
Lightning Source LLC
Chambersburg PA
CBHW020520290526
45786CB00002B/688